# 장치란 무엇인가?
## 장치학을 위한 서론

*Che cos'è un dispositivo?*
*L'amico*
*Che cos'è il contemporaneo?*
Copyright © 2006, 2007, 2008 Nottetempo, s.r.l.
All Rights Reserved

Korean translation copyright © 2010 Nanjang Publishing House
Korean translation rights are arranged with Nottetempo, s.r.l.,
via Zanardelli, 34-00186, Roma

이 책의 한국어판 저작권은 Nottetempo, s.r.l.와
독점계약한 도서출판 난장에 있습니다.
신저작권법에 의해 한국 내에서 보호를 받는 저작물이므로
무단전재, 무단복제, 전차출판 등을 금합니다.

에세이와 비평 001
Essai and Critique

# 장치란 무엇인가?
# 장치학을 위한 서론

조르조 아감벤 · 양창렬

## 일러두기

1. 이 책의 '에세이' 부분은 이탈리아에서 각각 따로 출간된 『장치란 무엇인가?』, 『친구』, 『동시대인이란 무엇인가?』를 한 권으로 묶은 것이다. 번역대본인 이탈리아어판, 각주 첨부나 교열 과정에서 참조한 프랑스어판·영어판·일본어판은 아래와 같다.

   - *Che cos'è un dispositivo?*; *L'amico*; *Che cos'è il contemporaneo?*, Roma: Nottetempo, 2006, 2007, 2008.
   - *Qu'est-ce qu'un dispositif?*; *L'Amitié*; *Qu'est-ce que le contemporain?*, trad. Martin Rueff et Maxime Rovere, Paris: Rivages, 2007. 2008.
   - *What Is an Apparatus? and Other Essays*, trans. David Kishik and Stefan Pedatella, Stanford, Calif.: Stanford University Press, 2009.
   - 「装置とは何か?」, 高桑和巳 訳, 『現代思想』(6月号), vol.34, no.7, 東京: 青土社, 2006.

2. 본문의 '[ ]' 안에 들어 있는 내용은 특별한 언급이 없는 한 옮긴이가 읽는이들의 이해를 돕기 위해 덧붙인 것이다.

3. '에세이' 부분의 경우 지은이 주는 별표(*, **, *** ······)로, 옮긴이 주는 괄호 안에 숫자(1, 2, 3 ······)로 모두 본문 아래에 표시했다.

4. 인명, 지명, 작품명은 국립국어원이 2002년 발간한 『외래어 표기 용례집』을 따랐다. 단, 관례적으로 쓰이는 표기는 그대로 따랐다.

5. 단행본·정기간행물·팸플릿·영상물·공연물에는 겹낫표(『 』)를, 논문·기고문·단편·미술 등에는 홑낫표(「 」)를 사용했다.

# 차 례

**기획의 말**
'에세이와 비평'을 펴내며  9

## *Essai*  조르조 아감벤

1. 장치란 무엇인가?  15
2. 친구  49
3. 동시대인이란 무엇인가?  69

## *Critique*  양창렬

장치학을 위한 서론  91

**부 록**
1. 「장치란 무엇인가?」 강연[발췌]  173
2. 더 읽을 만한 자료들  177
3. 찾아보기  185

**기획의 말**
# '에세이와 비평'을 펴내며

'에세이와 비평'에는 뚜렷한 지향이나 목적이 없습니다. 굵직한 단행본들을 묶어 펴내는 총서의 일관성도, 정합성도 기대하지 않습니다. 보이지 않는 것을 드러낸다거나 현 단계 자본주의를 비판하겠다는 포부도 내세우지 않습니다. 이 시리즈는 내용이 아니라 형식으로 규정되기 때문입니다.

우리가 생각하는 에세이라는 형식은 그리스어 '페리'$^{Peri}$-, 라틴어 '데'$^{De}$-, 영어 '온'$^{On}$-, 우리말 '~에 관하여'처럼 '전치사'와 함께 시작된 것입니다. 이 독특한 전치사는 '앞에 놓임'이라는 인간의 근본 경험을 반영합니다. 아리스토텔레스의 말처럼 예전이나 지금이나 사람들은 놀람으로써 지혜를 추구했을 뿐만 아니라 그 놀라움의 대상 '에 관하여' 에세이를 써왔습니다. 다시 말해 에세이는 정해진 주제나 대상으로 규정되는 것이 아니라 다만 세상의 놀라움과 마주하는 인간의 존재 방식(윤리)과 관련된 것입니다. 바로 이 때문에 에세이는 '총서'의 형태로 한데 묶일 수 있는 것이 아니라, "~란 무엇인가?"라는 질문들이 꼬리에 꼬리를 무는 '시리즈'가 되어야 합니다.

우리가 시리즈로 이어붙일 에세이들은 동시대를 살아가는 사상가들의 주저가 아니라 산문입니다. 그것은 짤막한 논문이거나 강연문이 될 수도 있습니다. 게오르그 루카치의 말대로 에세이는 이미 형태를 갖춘 어떤 것의 정수를 보여주는 일부입니다. 따라서 우리가 소개하는 에세이들은 그 사상가의 사유가 압축된 것으로서 다른 저작들에 대한 사후 독해 없이는 그 독해가 종결될 수 없는 그런 것입니다.

그리고 비평이 뒤따릅니다. '에세이와 비평'은 번역과 그에 대한 해제로 이뤄지지 않습니다. 지은이와 읽는이의 매개를 자처하는 해제解題는 지은이가 선보이는 사유의 주름을 밋밋하게 다림질하거나 읽은이가 지은이의 개념들을 무기로 삼기 전에 그것을 내려놓계解除 만들곤 합니다. 비평은 그 행위의 당사자가 눈앞에 놓인 텍스트 뒤로 사라질 것이 아니라 그 앞에 진정 마주설 것을 요청합니다. 텍스트라는 도구를 다른 식으로 시험하고 발전시킬 것을 말입니다.

에세이란 본디 라틴어 '엑사지움'exagium에서 유래한 말입니다. 밖으로 끌어내고, 무게를 재보고, 시도해본다는 뜻입니다. 자신이 마주하고 있는 텍스트에 담긴 잠재력을 끌어내고 무한한 사유의 무게를 재는 '비평'은 그 자체로 한 편의 '에세이'이기도 합니다. 그렇기에 '에세이와 비평'에서는 지은이와 옮긴이가 나란히 놓이는 것을 넘어서, 아예 두 명의 지은이가 존재합니다. 그리고 앞서 말씀드렸듯이 에세이와 비평이라는 '시리즈'는 이제 읽는이 본인의 마주섬에 의해서만 종결(또는 시작)될 수 있을 것입니다.

# ESSAI
## Giorgio Agamben

1 장치란 무엇인가?
  Che cos'è un dispositivo?

2 친구
  L'amico

3 동시대인이란 무엇인가?
  Che cos'è il contemporaneo?

# 1. 장치란 무엇인가?

1. 용어법에 관한 물음이 철학에서는 중요하다. 내가 가장 존경하는 한 철학자가 언젠가 말했듯이 용어법은 사유의 시적詩的 순간이다. 철학자들이 매번 꼭 자신의 전문용어를 정의해야 한다는 뜻은 아니다. 플라톤은 자신의 가장 중요한 용어인 이데아를 정의한 적이 없다. 베네딕트 데 스피노자와 고트프리트 라이프니츠 같은 사람 역시 자신의 용어법을 기하학적 방법에 따라 more geometrico 정의하길 더 좋아했다.

나는 '장치'dispositif라는 단어가 미셸 푸코의 사유 전략에서 결정적인 전문용어라는 가설을 제안고자 한다. 특히 푸코는 1970년대 중반부터 이 용어를 자주 사용하는데, 그때는 푸코가 '통치성'이나 '인간의 통치'라 부른 것에 몰두하기 시작한 때였다. 푸코는 「장치라는 단어에] 진정하고 고유한 정의를 부여했던 적이 한 번도 없지만, 1977년에 행한 인터뷰에서 정의 같은 것에 근접한다.

이 [장치라는] 이름으로 제가 포착하고자 한 것은 담론, 제도, 건축상의 정비, 법규에 관한 결정, 법, 행정상의 조치, 과학적 언표, 철학적·도덕적·박애적 명제를 포함하는 확연히 이질적인 집합입니다. 요컨대 말해진 것이든 말해지지 않은 것이든, 이것이 장치의 요소들입니다. 장치 자체는 이런 요소들 사이에 수립되는 네트워크입니다. …… 장치란 (이른바) 일종의 형성물이라고 저는 이해합니다. 그것은 어떤 순간에 긴급함에 답하는 것을 주요 기능으로 삼았습니다. 따라서 장치의 지배적 기능은 전략적인 것입니다. …… 저는 장치가 본성상 전략적인 것이라고 말했습니다만, 이것에 의해 전제되는 것은 장치가 힘관계에 대한 어떤 조작이며, 그런 힘관계에 대한 합리적·계획적 개입이라는 것입니다. 이렇게 개입하는 까닭은 힘관계를 특정한 방향으로 발전시키거나 봉쇄하거나, 힘관계를 안정시켜 사용하기 위해서입니다. 따라서 장치는 늘 권력의 게임에 기입되어 있을 뿐만 아니라 거기서 생겨나고 또 그것을 조건짓기도 하는 지식의 한 가지 또는 여러 제한과 연결됩니다. 지식의 여러 유형을 시행하고, 또 그것에 의해 지탱되는 힘관계의 전략들, 바로 이것이 장치입니다.[1]

간단하게 세 가지로 요약해보자.

(1) [장치는] 같은 표제 아래 언어적이든 비언어적이든 잠재적으로 무엇이든지(담론, 제도, 건축물, 법, 경찰조치, 철학적 명제 등) 포함하는 이질적 집합이다. 장치 자체는 이런 요소들 사이에 수립된 네트워크이다.

(2) 장치는 늘 구체적인 전략적 기능을 갖고 있으며, 늘 권력관계 속에 기입된다.

---

[1] Michel Foucault, "Le jeu de Michel Foucault"(1977), *Dits et Écrits*, t.3: 1976-1979, éd. Daniel Defert et François Ewald, avec collab. Jacques Lagrange, Paris: Gallimard, 1994, pp.299~300. [홍성민 옮김, 「육체의 고백」, 『권력과 지식: 미셸 푸코와의 대담』, 나남, 1991, 235~236쪽.] 이것은 푸코가 『성의 역사 1: 지식의 의지』를 출간한 뒤 일군의 정신분석학자들과 나눈 인터뷰였다. 위에 인용된 구절은 '성장치'라는 말에서 '장치'가 무슨 뜻인가라는 질문에 대해 푸코가 대답한 것이다.

(3) 장치 그 자체는 권력관계와 지식관계의 교차로부터 생겨난다.

2. 이 용어의 간략한 계보를 우선 푸코의 작품 속에서, 그 다음에는 더 넓은 역사적 맥락에서 추적해보자.

『지식의 고고학』을 쓰고 있을 무렵인 1960년대 말에 푸코는 자신의 연구대상을 정의하기 위해 '장치'라는 용어를 쓰지 않고, 그와 어원적으로 가까운 '실정성'positivité이라는 용어를 사용했다.[2] 역시 이번에도 정의하지 않은 채 말이다.

나는 이 '실정성'이라는 용어를 푸코가 어디에서 발견했을까 스스로에게 종종 묻곤 했다. 장 이폴리트의 『헤겔 역사철학 입문』을 몇 달 전에 다시 읽기 전까지 말이다. 푸코와 이폴리트의 밀접한 관계는 다들 알고 있을 것이다. 푸코는 때때로 이폴리트를 '나의 스

---

[2] 아감벤은 푸코의 이 용어를 G. W. F. 헤겔의 실정성(Positivität)과 연결짓고 있기 때문에, 일단 그 단어를 '실정성'이라 옮겼다. 하지만 푸코의 텍스트에서 그것이 '실정성'을 뜻하는지, 그리고 헤겔(그리고 장 이폴리트의 해석)에서 영감을 받아 그 단어를 사용했느냐에 대해서는 의심의 여지가 있다.

승'이라고 불렸다(실제로 이폴리트는 앙리 4세 고등학교의 고등사범학교 입시준비반에서도, 그리고 나중에 파리 고등사범학교에서도 푸코의 선생이었다).

이폴리트가 쓴 책의 제3장에는 「이성과 역사: 실정성 관념과 운명 관념」이라는 제목이 달려 있다. 이폴리트는 여기에서 이른바 베른-프랑크푸르트 시기(1795~96년)에 G. W. F. 헤겔이 쓴 두 논문을 집중적으로 분석한다. 첫 번째 논문은 「그리스도교의 정신과 그 운명」이며, 두 번째 논문은 (문제의 '실정성'이라는 용어가 여기에서 나오는데) 「그리스도교의 실정성」이다. 이폴리트에 따르면 '운명'과 '실정성'은 헤겔의 사유를 구성하는 두 개의 열쇠 개념이다. 특히 '실정성'이라는 용어는 헤겔에게서 '자연종교'와 '실정종교' 사이의 대립에서 그 고유한 장소를 차지한다. 자연종교가 인간 이성과 신적인 것 사이의 무매개적이고 일반적인 관계에 관한 것인 반면, 실정종교 혹은 역사종교는 여러 가지 신앙·규칙·의례 등 어떤 주어진 사회, 이러저러한 역사적 순간에 외부로부터 개인들에게 부과된 전체를 포함한다. 헤겔은 이폴리트가 인용한 한 구절에서 다음과 같이 썼다. "실정종교는 많든 적든 강

1. 장치란 무엇인가? 19

제로 영혼에 각인된 감정, 그리고 어떤 명령의 효과이자 복종의 결과이며, 직접적 이득 없이 수행되는 행동을 포함한다."*

이폴리트는 자연과 실정성의 대립이 이런 의미에서 자유와 강제, 이성과 역사 사이의 변증법에 어떻게 대응하는지를 보여준다. 푸코의 호기심을 자극하지 않을 수 없었을 법한 어느 구절에서 이폴리트는 다음과 같이 쓰고 있는데, 여기에는 장치 개념의 전조 이상의 것이 포함되어 있다. "따라서 우리는 이 실정성 개념과 관련해 제기되는 물음들의 매듭을 보고 있으며, **순수 이성**(이론적이고, 특히 실천적인 순수이성)과 실정성, 즉 **역사적 요소**를 변증법적으로(여기에서는 아직 변증법 자체를 의식하지 못한 변증법이다) 연결하기 위해 헤겔이 나중에 하게 되는 시도를 보고 있다. 어떤 의미에서 헤겔은 실정성을 인간의 자유에 대한 장애물로 간

---

* Jean Hyppolite, *Introduction à la philosophie de l'histoire de Hegel*(1948), Paris: Seuil, 1983, p.43. [이폴리트는 「그리스도교의 실정성」의 개정판 첫 문단을 인용한다. "실정종교에서 감정은 강제적이고 기계적인 자극에 의해 발생하며 행위는 명령에 따른, 혹은 자발성이 전혀 없는 복종에 불과하게 된다." G. W. F. 헤겔, 정대성 옮김, 『청년 헤겔의 신학론집』, 인간사랑, 2005, 386쪽.]

주하며 단죄한다. 한 종교의, 그리고 우리가 덧붙여도 된다면 한 사회상태의 실정적 요소들을 탐구한다는 것은 그 요소들에서 인간에게 강제로 부과되는 것을 발견한다는 것, 이성의 순수함에 때를 묻히는 것을 발견한다는 것이다. 헤겔의 사유가 발전함에 따라 더 중요해지는 다른 의미에서 보면, 이 실정성은 이성과 화해해야만 한다. 이성은 추상적이길 그치고 삶의 구체적인 풍요로움에 적합하게 된다. 따라서 우리는 헤겔의 관점에서 왜 실정성 개념이 중심을 차지하는지를 이해할 수 있다."**

이폴리트에 따르면 '실정성'이란 청년 헤겔이 역사적 요소에 부여한 이름이다. 그것은 외부의 권력에 의해 개인에게 부과되어, 이른바 신앙이나 감정의 체계 속에 내면화된 규칙·의례·제도가 주는 모든 부담을 함께 가리키는 말이다. 그렇다면 푸코는 이 용어를 빌려와 (이것이 나중에 '장치'가 된다) 어떤 결정적인 문제에 대해 입장을 취한 것이다. 푸코 자신의 가장 고유한 문제, 즉 살아 있는 존재로서의 개인과 역사적 요소

---

** Hyppolite, *Introduction*, p.46.

와의 관계라는 문제에 대해서 말이다. 여기서 역사적 요소란 무릇 권력관계가 구체화되는 장으로서의 여러 가지 제도, 주체화 과정, 규칙의 전체를 의미한다. 하지만 푸코가 생각하는 궁극의 목표는 헤겔에게서처럼 이 두 가지 요소를 화해시키는 데 있지 않다. 그렇다고 양자 사이의 충돌을 강조하는 것도 아니다. 푸코에게 중요한 것은 오히려 실정성들(혹은 장치들)이 권력관계, 권력메커니즘, 권력'게임들' 속에서 구체적으로 어떻게 작동하는지를 탐구하는 것이었다.

3. '장치'라는 용어가 푸코의 사유에서 본질적인 전문용어라는 내 가설이 어떤 의미에서 그런지 이제 분명해졌을 것이다. 장치는 이런저런 권력의 테크놀로지만을 가리키는 특수한 용어가 아니다. 그것은 일반적인 용어이며, 청년 헤겔에게 있어서 '실정성'이 지녔다고 이폴리트가 말한 것과 같은 넓이를 지니고 있다. 푸코의 전략에서 장치라는 용어는 그가 '보편적인 것들'les universaux이라고 비판적으로 정의한 것의 자리를 차지하게 된다. 주지하다시피 푸코는 국가, 주권, 법, 권력과 같이 그가 '보편적인 것들'이라고 부르는 일반 범

주나 관념적 실체를 다루기를 늘 거부했다. 그렇다고 해서 일반적 성격을 지닌 조작적 개념을 푸코의 사유에서 찾아볼 수 없다는 말은 아니다. 장치들은 푸코의 전략에서 바로 '보편적인 것들'의 자리를 차지한다. 장치들은 단순히 이러저러한 경찰조치나 이러저러한 권력의 테크놀로지가 아닐 뿐만 아니라, 추상에 의해 획득된 일반성도 아니다. 오히려 그것들은 1977년의 인터뷰에서 푸코가 말했듯이, "이런 요소들 사이에 수립된 네트워크$^{\text{le réseau}}$"이다.

흔히 쓰는 프랑스어 사전에 나오는 '디스포지티프'에 대한 용어 정의를 검토해보자. 그러면 그 용어의 세 가지 의미가 구별되고 있음을 알 수 있다.

(1) 엄밀한 법적 의미. "디스포지티프란 판결 이유에서 따로 떼어 결정 내용만을 담고 있는 판결의 일부이다." 즉, 결정하고 규정하는 판결문의 일부[즉, 주문主文]이다.

(2) 기술적 의미. "기계나 메커니즘의 부품이, 넓게는 그 메커니즘 자체가 배치된 방식."

(3) 군사적 의미. "작전계획에 따라 배치된 수단들의 집합."

어떤 의미에서 이 세 가지 의미 모두가 푸코의 용어사용 속에 들어 있다. 그런데 사전이라는 것은 용어의 다양한 의미를 분할하고 분리하는 일을 한다. 역사학적이자 어원학적인 성격이 없는 사전이라면 더욱더 그렇다. 그렇지만 이런 파편화는 보통 원래 하나였던 의미가 나중에 전개되고 역사적으로 분절된 것에 해당한다. 그 원래의 단일한 의미를 잃지 않는 것이 중요하다. '디스포지티프'라는 용어의 경우 이런 의미는 무엇일까? 보통 사용되든 푸코가 사용하든, 분명히 그 용어는 어떤 긴급함에 직면하고, 많든 적든 즉각적인 효과를 획득하는 것을 목표로 하는 메커니즘과 실천 전체를 가리키는 듯하다(거기에는 언어적인 것도 비언어적인 것도, 법적인 것도 기술적인 것도 군사적인 것도 포함된다). 그렇지만 [장치라는] 이 현대 용어는 어떤 실천 전략 내지 사유 전략에, 어떤 역사적 맥락에 그 기원을 두고 있을까?

4. 나는 지난 3년간 어떤 연구에 푹 빠져 있었다. 이제야 그 끝이 어렴풋하게 보이는 그 연구는 경제의 신학적 계보라고 대략 정의될 수 있는 것이다. 그리스도교

교회사의 초기(대략 2~6세기)에 그리스어로 오이코노미아oikonomia라는 용어는 신학에서 결정적인 역할을 보여줬다. 그리스어 오이코노미아는 오이코스oikos(가정)의 관리를 뜻하며, 더 일반적으로는 경영management을 뜻한다. 아리스토텔레스가 『정치학』(1255b21)에서 말했듯이 오이코노미아는 지식적 패러다임이 아니라 어떤 문제나 특수한 상황에 그때그때 직면해야 하는 프락시스, 즉 실천적 활동이다.3) 교부들은 왜 이 용어를 신학에 도입할 필요를 느꼈을까? 어떻게 '신의 경제'가 운운되기에 이르렀을까?

---

3) 아리스토텔레스는 "주인이 그렇게[주인이라] 불리는 것은 그의 앎 때문이 아니라 그와 같은 종류의 사람이기 때문"이라고 말했다. 아감벤은 '오이코노미아'의 용어법을 추적하며 이 구절이 가정(家庭)의 상이한 부분들의 기능적 질서와 관련해 "매번 특정한 문제들에 대처하는 결정과 일의 배치를 함축"한고 설명한다(조르조 아감벤, 박진우·정문영 옮김, 『왕국과 영광: 오이코노미아와 통치의 신학적 계보학을 향하여』, 새물결, 2016, 66쪽). 그러나 맨 앞의 인용 구절 바로 뒤에서 아리스토텔레스는 다음과 같이 말했다. "그와 동일한 것이 노예와 자유민에게도 적용된다. 그렇지만 주인의 앎(epistēmē)이나 노예의 앎과 같은 그런 것이 있을 수 있다"(아리스토텔레스, 김재홍 옮김, 『정치학』, 도서출판 길, 2017, 52쪽).

이것은 바로 그리스도교 신학의 역사에서 극히 섬세하고 사활이 걸린 문제인 삼위일체라는 결정적 물음과 관련 있다. 2세기경 신의 형상으로서 '성부,' '성자,' '성령' 세 가지를 내세운 삼위일체가 처음 논의됐을 때, 예상됐던 것처럼 교회 내부에서는 이성적인 사람들이 강력하게 저항했다. 그들은 그리하면 그리스도교 신앙에 다신론이나 이교도적 태도를 다시 도입하게 될 위험이 있다고 불안에 떨면서 생각했던 것이다. 이 완강한 반대파(그들은 나중에 '군주론자[단일신론자],' 즉 유일자에 의한 통치를 지지하는 자라고 정의된다)를 설득하기 위해 퀸투스 S. F. 테르툴리아누스, 로마의 히폴리투스, 리옹의 이레나이우스 같은 수많은 신학자들은 오이코노미아라는 용어를 사용하는 것이 최선이라고 생각했다. 그들의 논의는 대략 다음과 같다. "신은 그 존재와 실체에 관해서는 분명히 하나이다. 그렇지만 신의 오이코노미아에 관해서는, 즉 신의 가정, 신의 삶, 신이 창조한 세계를 관리하는 방식에 관해서 신은 삼중이다. 좋은 아버지는 몇 가지 기능과 몇 가지 의무를 자식에게 위임하면서도 자신의 권력, 자신의 단일성을 상실하지 않는다. 마찬가지로 신은 예수 그리스도에게 인간의 역사의 '경제,' 행정, 통치를 위임한다." 이리하여 오이코노미아라는 용어는 '성자'의 육화肉化를 의미하는 것으로, 또한 대속과 구원의 경제를 의미하는 것으로 특화된다(일부 영지주의 분파에서 예수는 '경제의 인간'ho anthrōpos tēs oikonomias이라고 불렸을 정도이다). 신학자들은 서서히 '신학의 담론(로고스)'과 '경제의 로고스'를 구별하는 것에 익숙해진다. 오이코노미아는 삼위일체의 교리, 그리고 섭리에 토대를 둔 신의 세계통치라는 관념, 이 두 가지를 그리스도교 신앙 속에 도입하는 장치가 됐다.

하지만 자주 그랬듯이, 신학자들이 이런 식으로 신의 존재의 평면에서 피하고 제거하려던 단절은 어떤 휴지休止의 형태로 다시 모습을 드러내게 된다. 그 휴지는 신에 있어서 존재와 행위, 존재론과 실천을 분리한다. 행위(경제, 또한 정치)는 존재에 그 어떤 토대도 갖고 있지 않다. 이것이 오이코노미아에 관한 신학적 교의가 서양 문화에 유산으로 남겨준 분열증이다.

5. 지금까지의 간략한 설명을 통해 오이코노미아라는 개념이 그리스도교 신학에서 맡게 됐던 역할의 중심

성이나 중요성을 여러분이 이해할 수 있을 것이라고 나는 생각한다. 알렉산드리아의 클레멘스에서부터 이미 오이코노미아 개념은 섭리 개념과 합쳐졌을 뿐만 아니라, 세계와 인간의 역사를 구원하는 통치를 의미하게 됐다. 그렇다고 한다면 이 근본적인 그리스 용어는 라틴어를 사용한 교부들이 쓴 글에서 어떻게 번역됐을까? 디스포지티오$^{Dispositio}$이다.

우리의 용어 '디스포지티프'의 기원인 라틴어 디스포지티오는 신학적 오이코노미아가 가진 복잡한 의미론의 영역 전체를 홀로 떠맡게 된다. 푸코가 말한 '장치들'은 어떤 의미에서 이런 신학적 유산에 접속되어 있다. 어떤 의미에서 장치들은 앞서 말한 단절로 이어질 수 있다. 신에게서 존재와 프락시스, 즉 한 쪽에는 [신의] 본성이나 본질, 다른 쪽에는 신이 피조물의 세계를 관리하고 통치하는 데 사용하는 작업, 이 둘을 분할하는 동시에 절합하는 단절로 말이다. 장치라는 용어는 존재 안에 어떤 토대도 두지 않는 순수 통치활동이 그것으로, 그것에 의해 실현되는 것을 명명한다. 이 때문에 장치들은 항상 주체화 과정을 내포해야 한다. 즉 장치들은 그 주체를 생산해야만 한다.

이런 신학적 계보에 비춰보면 푸코가 말한 장치들은 어떤 맥락에서 더 결정적인 함의를 획득한다. 그 맥락에서 푸코가 말한 장치들은 청년 헤겔이 말한 '실정성'뿐만 아니라 말년의 마르틴 하이데거가 말한 '몰아세움'Gestell과도 교차한다.4) 이 단어의 어원은 디스-포지티오dis-positio나 디스-포네레dis-ponere의 어원과 유사하다("놓다/세우다"를 뜻하는 독일어 슈텔렌stellen은 라틴어 포네레에 대응한다).5) 하이데거가 『기술과 전향』

---

4) 아감벤이 2005년 8월 유럽대학원(European Graduate School)에서 행한 강연(본서의 '부록 1' 참조)에 바탕을 두고 있는 이 글 「장치란 무엇인가?」은 2006년 하이데거의 강연 「몰아세움(장치)」의 첫 프랑스어 번역판과 그에 대한 연구들로 채워진 어느 프랑스 잡지에 처음 발표됐다. 그때의 제목은 「장치이론」이었다. Giorgio Agamben, "Théorie des dispositifs," trad. Martin Rueff, *Po&sie*, n°115, Paris: Belin, 2006.

5) 아감벤이 세우고 있는 장치의 계보학, 헤겔-하이데거-푸코에서 관건은 그들 사이의 실질적인 영향관계보다는 디스포지티프의 어원에 대한 분석에 바탕을 둔다. 하지만 프랑스어 디스포지티프의 가장 오래된 뜻(1615년)은 "명령조로 판결을 내리는 법주문의 일부"이다. 오늘날 사전에 '판결 주문'이나 '법령 규정'이라고 나오는 그 뜻이다. 즉, 디스포지티프는 '중지' 또는 '판결'을 뜻하는 '아레'(arrêt)와 비슷한 뜻이며, 이것은 디스포지티프가 '멈추다' 혹은 '중단하다'를 뜻하는 라틴어 '파우사레'(pausare)에서 파생됐음을 보여준다. 그 단어가 형용

1. 장치란 무엇인가? 29

에서 게-슈텔Ge-stell은 보통 '집기'Gerät를 뜻하지만 자

사로 쓰일 때는 '~을 준비하는,' '권위를 갖는'을 뜻한다. 디스포지티프를 통해 우리는 **어떤 흐름을 멈추고 결정을 내리는 것이야말로 권위의 본질**임을 알 수 있다. 1797년에야 그 단어는 "어떤 목적을 위해 배열된 요소들의 집합"으로서 '방어장치'의 뜻으로 사용된다. 이때 디스포지티프는 '배치하다' 혹은 '배열하다'를 뜻하는 라틴어 '디스포네레'(disponere)의 영향을 받았다고 할 수 있다. 아카데미프랑세즈에서 발행하는 프랑스어 사전 제8판(1932~35)에서는 디스포지티프의 형용사적 의미가 사라지고 명사적 의미만 남는다. 요약하자면 프랑스어 디스포지티프는 처음엔 파우사레의 파생어로 쓰였으나 18세기 후반에 디스포네레의 영향을 받아 의미의 외연이 넓어졌다고 하겠다. 반면 이탈리아어 어원사전들에서 '디스포지티보'(dispositivo)는 디스포네레, 디스포지투스(dispositus)에서 파생됐다고만 설명되어 있다. 따라서 디스포지티프를 디스포네레라는 라틴어 뿌리와 일의적으로 연결시키는 것에는 무리가 따른다. 게다가 이 글의 일본어판 옮긴이는 옮긴이주에서 디스-포네레의 접두사(dis-)에 '분리,' '차이,' '결여'가 있으므로 그 단어는 '나눠세움,' 즉 '분리'를 뜻한다고 옳게 지적하고 있다. 즉, 그 단어는 우리말의 '나눠놓다,' 즉 '배열'이나 '배치'에 가깝다(高桑和巳 訳,「装置とは何か?」,『現代思想』[6月号], vol.34, no.7, 東京: 青土社, 2006, p.94). 디스포지티프로 번역되는 하이데거의 게-슈텔은 무언가를 앞에 세워 놓고 '배열'하는 방식들의 '집합'을 뜻하는 반면, 아감벤은 존재와 프락시스를 분리하면서 주체(화)를 만들어내는 나눠세움으로서의 장치를 말하고 있다. 결국 디스포지티프에 대한 아감벤의 어원학적 계보학은 다소 자의적인 것으로 보인다.

신은 이 용어를 "인간으로 하여금 현실적인 것을 주문요청Bestellen의 방식을 써서 부품으로 탈은폐하도록 닦아세우는 닦아세움Stellen의 집약"6)의 뜻으로 이해한다고 썼을 때, 이 용어와 신학자들이 말하는 디스포지티오, 그리고 푸코가 말하는 장치들의 근접성은 명백하다. 이 용어들은 공통되게 오이코노미아를 참조한다. 오이코노미아란 인간의 행동, 몸짓, 사유를 유용하다고 간주된 방향을 향해 운용, 통치, 제어, 지도하는 것을 목표로 하는 실천, 앎, 조치, 제도의 총체이다.

6. 내가 연구에서 늘 따르는 방법론상의 원칙 중 하나는, 내가 작업하는 텍스트나 맥락에서 루트비히 포이어바흐가 철학적 요소로 정의한 것을 규명하는 것이다. 즉, 문자 그대로 발전가능성Entwicklungsfähigkeit이 있는 지점, 그 텍스트나 맥락이 발전할 수 있는 장소locus와 순간을 끄집어내는 것이다.7) 그러나 어떤 저자의

---

6) 마르틴 하이데거, 이기상 옮김, 『기술과 전향』, 서광사, 1993, 55쪽; 이기상 외 옮김, 『강연과 논문』, 이학사, 2008, 28쪽.
7) 아감벤은 『사물의 표시』에서 이 방법에 대해 재차 언급한다. "이 책에서 역시 논하지는 않지만 저자가 자주 쓰는 또 다른

텍스트를 이런 식으로 해석·발전시키다 보면 해석학의 가장 기본적인 규칙을 위반하지 않고서는 더 이상 나아갈 수 없음을 깨닫게 되는 순간이 오기 마련이다. 이는 곧 문제가 되는 텍스트[에 대한 해석]를 전개시켜가다 보면 저자와 해석자를 구별할 수 없게 되는 결정 불가능성의 지점에 도달하게 된다는 뜻이다. 이는 해석자에게는 특히 행복한 순간이지만, 해석자는 바로 그때야말로 자신이 분석하고 있는 텍스트를 버리고 자신의 이야기로 나아가야 한다는 것을 안다.

그러니 지금까지 해온 푸코에 대한 문헌학적 작업을 버리고 장치들을 새로운 맥락에 위치시켜보자.

---

방법론적 원칙에 따르면, 예술이든 과학이든 사상이든 모든 작품에서 진정 철학적 요소는 루트비히 포이어바흐가 발전 가능성이라고 부르는 것이다. 이 원칙을 따를 때 비로소 한 작품의 저자에 속하는 것과 이를 해석하고 발전시키는 자에게 속하는 것 사이의 차이가 본질적으로 되는 만큼이나 파악하기 힘들어진다. 저자는 제 것이 아닌 사유나 연구 경로를 제 것으로 삼으려는 위험을 무릅쓰기보다는 저자가 타인의 텍스트로부터 정립한 것을 타인의 텍스트에 귀속시키는 위험을 무릅쓰는 편을 택했다." 조르조 아감벤, 양창렬 옮김, 『사물의 표시: 방법에 관하여』, 도서출판 난장, 2014, 10쪽.

그렇지만 나는 존재자를 일반적이고 대대적으로 두 개의 커다란 집단 혹은 부류로 분할할 것을 제안한다. 그 분할의 한쪽에는 생명체들(혹은 실체들)이 있고, 다른 한쪽에는 그들을 끊임없이 포획하는 장치들이 있다. 즉, 신학자들의 용어법을 사용해 말한다면 한쪽에는 피조물들의 존재론이 있고, 다른 쪽에는 그 피조물들을 선善으로 이끌어 통치·지도하려는 장치들의 오이코노미아가 있다.

푸코가 말하는 장치는 이미 아주 넓은 부류인데 이것을 더 일반화해 나는 생명체들의 몸짓, 행동, 의견, 담론을 포획, 지도, 규정, 차단, 주조, 제어, 보장하는 능력을 지닌 모든 것을 문자 그대로 장치라고 부를 것이다. 따라서 감옥, 정신병원, 판옵티콘, 학교, 고해, 공장, 규율, 법적 조치 등과 같이 권력과 명백히 접속되어 있는 것들뿐만 아니라 펜, 글쓰기, 문학, 철학, 농업, 담배, 항해[인터넷서핑], 컴퓨터, 휴대전화 등도, 그리고 (왜 아니겠는가마는) 언어 자체도 권력과 접속되어 있다. 언어는 가장 오래된 장치인지도 모른다. 수천 년도 전에 영장류는 (어떤 결과에 직면하게 될지는 아마 알지 못한 채로) 무심코 언어라는 장치에 포획됐다.

1. 장치란 무엇인가?

요컨대 생명체들(실체들)과 장치들이라는 두 개의 커다란 부류가 있다. 그리고 이 양자 사이에 제3항으로서 주체가 있다. 생명체들과 장치들이 맺는 관계의 결과, 이른바 양자가 맞대결한 결과로 생겨나는 것을 주체라고 부르기로 한다. 고대의 형이상학에서는 자연스레 실체와 주체가 포개져 있는 듯 보인다. 그러나 완전히 그렇지는 않다. 이런 의미에서 이를테면 동일한 한 명의 개인, 동일한 하나의 실체가 동시에 다수의 주체화 과정(휴대전화 사용자, 웹 서퍼, 이야기 작가, 탱고 애호가, 반세계화론자 등)의 장소라고 말할 수도 있다. 오늘날 장치의 무한한 증가에 그만큼 주체화 과정의 무한한 증식이 대응한다. 이는 오늘날 주체성이라는 범주가 동요하면서 일관성을 잃고 있다는 인상을 자아낼 수도 있다. 그러나 정확히 말하면 그것은 주체의 소멸이나 지양이 아니라 산종散種이다. 이 산종은 모든 인격적 정체성에 늘 따라다니는 가면무도회의 모습을 극단으로까지 밀어붙인다.[8]

---

8) 아감벤은 『벌거벗음』에서 이 문제를 다룬다. '인격'은 '가면'(persona)에서 유래한 단어로서 타인이나 사회로부터 인정받는 정체성을 뜻한다. 하지만 오늘날 생체인식 장치는 개인에게

7. 어쩌면 우리가 지금 살고 있는 이 자본주의적 발전의 최종 단계를 장치들의 거대한 축적과 증식으로 정의한다 해도 그리 틀린 것은 아닐 것이다.9) 확실히 호모 사피엔스가 등장한 이래 장치는 늘 존재했다. 그렇지만 오늘날에는 개인이 살아가면서 어떤 장치의 주조·오염·제어를 겪지 않을 때는 단 한 순간도 없다고 말할 수 있다. 그렇다면 우리는 어떻게 이 상황과 대결할 수 있을까? 장치들과의 일상적인 맞대결에서 어떤 전략을 따라야 할까? 장치들을 단순히 파괴한다거나, 순진한 사람들이 제안하듯이 장치들을 올바르게 사용하는 것이 열쇠가 아니다.

---

내밀하고 배타적으로 속하지만 그 개인이 그것과 동일시할 수 없는 '생체정보'(벌거벗은 생명)를 그 개인의 정체성으로 간주한다. 이 '페르소나[인격] 없는 정체성'은 인터넷에서 '가면들의 무한증식'과 짝을 이룬다. (홈페이지라는 '집'과 아바타라는 '인격'을 통해) 제2, 3의 삶을 꾸리지만 그 무엇도 우리에게 고유하게 속하지는 않는다. 조르조 아감벤, 김영훈 옮김, 「페르소나 없는 정체성」, 『벌거벗음』, 인간사랑, 2014.

9) 『스펙터클의 사회』(1967)에서 맑스의 『자본』 첫 번째 문장을 전용(détournement)한 기 드보르의 테제("현대적 생산조건들이 지배하는 모든 사회들에서, 삶 전체는 스펙터클들의 거대한 축적물로 나타난다," §1)를 아감벤이 다시 전용하고 있다.

예컨대 나는 이탈리아에 산다. 이 나라는 휴대전화(편하게 '핸드폰'으로 불린다)가 철두철미하게 개인의 몸짓이나 행동을 재주조하는 곳이다. 이곳에 살면서 나는 사람들 사이의 관계를 더욱 추상적인 것으로 만든 이 장치에 참을 수 없는 증오를 품게 됐다. 어떻게 하면 핸드폰들을 부수거나 정지시킬 수 있을지, 그리고 그것을 사용하는 자들을 숙청까지는 아니더라도 어떻게 처벌·감금할 수 있을지 수차례 생각하고 있는 내 자신을 보고 놀랐던 적도 있지만, 그런 식으로 문제가 잘 해결될 것이라고 생각하지는 않는다.

사실은 이렇다. 분명 장치는 인간이 우연히 부딪치는 사고가 아니라, 우리가 호모 사피엔스라는 표제어로 분류하는 동물을 '인간적'이라고 간주하는 '인간화' 과정 자체에 그 뿌리를 두고 있다. 인간적인 것을 산출해낸 사건은 사실상 이 생명체에게 어떤 분열 같은 것을 구성한다.[10] 이 분열은 어떤 의미에서 오이코노

---

10) 아감벤은 『열림』 전반부에서 인간을 인간으로 만들어주는 장치인 '인간을 발생시키는 기계' 또는 '인간학적 기계'를 분석한다. 인간은 인간이기 위해서 '비인간'(인간의 영양 기능, 식물적 본성 등처럼 인간성을 떠받치는 바탕)을 분리해 스스로

미아가 신의 존재와 행위 사이에 도입했던 분열과 마찬가지의 것을 재생산한다. 이 분열은 생명체를 그 자체에서 분리하고, 생명체를 그것이 환경과 맺는 무매개적인 관계에서 분리한다. 이 환경이란 야콥 폰 윅스퀼이, 나중에는 하이데거가 들뜸테11)라고 불렀던 것이다. 이 관계가 깨지고 중단되면 생명체에 생기는 것

---

를 재인한다. 아감벤에 따르면 고대의 인간학적 기계는 인간의 모습을 한 동물의 형상들(유인원, 야생아, 노예, 야만인, 이방인 등)과 같은 바깥을 포함시킴으로서 '인간'을 얻어낸다. 반면 근대의 인간학적 기계는 이미 인간인 것(언어 없는 원인[猿人], 코마 상태의 환자, 유대인 등)을 아직 인간이 아닌 양 배제함으로써 '바깥'을 만들어낸다. 즉, 전자는 배제적 포함, 후자는 포함적 배제를 통해 작동하는 장치이다. 요컨대 이 둘은 모두 인간의 존재(살아있다는 단순한 사실)와 인간성의 분리·분열에 바탕을 둔다. Giorgio Agamben, *L'aperto: L'uomo e l'animale*, Torino: Bollati Boringhieri, 2002.

11) '들뜸떼'(Enthemmungsring)라는 개념의 번역과 의미에 대해서는 다음을 참조할 것. 마르틴 하이데거, 이기상·강태성 옮김, 『형이상학의 근본개념들: 세계-유한성-고독』, 까치, 2001. 특히 옮긴이주 610~611쪽을 참조하라. 동물은 충동의 쏘위망 안에서 자기의 할 수 있는 능력을 들뜨게 하는 것에 대해서만 행동한다. 동물이 행동하게끔 촉발시키는 상황을 '들뜸'이라고 하고, 동물들이 그 안에서만 살면서 행동하는 이 충동의 포위망을 '들뜸테'라고 한다. 아감벤의 『열림』 후반부는 하이데거의 이 강의에 대한 독해라 할 수 있다.

은 권태(즉, 들뜸테와 맺는 무매개적 관계를 중단시킬 수 있는 능력)이며, 또한 존재를 존재로서 인식할 가능성이자 세계를 구성할 가능성으로서의 '열림'이다. 그렇지만 이런 가능성과 더불어 즉각적으로 장치들의 가능성도 주어지게 된다. 장치들은 '열림'을 도구, 물품, 각종 보조물gadgets, 잡동사니 등 온갖 테크놀로지로 가득 채울 것이다. 장치들을 통해서 인간은 자신에게서 분리된 가장 동물적인 행동을 무화시키려 한다. 또한 있는 그대로의 '열림,' 존재로서의 존재를 향유하고자 한다. 따라서 모든 장치의 뿌리에는 행복에 대한 인간적인, 너무도 인간적인 욕망이 있다. 이 욕망을 [그 자체로부터] 분리된 영역에서 포획하고 주체화하는 것이 장치에 특유한 잠재력이다.

8. 이것은 우리가 장치들과 맞대결할 때 채택해야 할 전략이 단순할 수 없다는 뜻이다. 장치들에 의해 포획·분리된 것을 해방시켜 공통으로 사용할 수 있게 되돌리는 것이 관건이기 때문이다. 바로 이런 관점에서 나는 최근 우연히 연구하게 된 어떤 개념에 관해 말해보고 싶다. 그 개념은 로마의 법과 종교의 영역(법과

종교는 비단 로마에서만이 아니더라도 긴밀하게 연결되어 있다)에서 유래한 용어인 세속화$^{profanazione}$이다.

로마법에 따르면 성스러운 것과 종교적인 것은 모종의 방식으로 신들에게 속하는 것이었다. 그것은 그 자체로 인간이 자유롭게 사용하거나 거래할 수 없는 것이었다. 그것은 판매될 수도, 저당잡힐 수도, 용익권을 양도할 수도, 지역권이 부과될 수도 없었다. 성스럽고 종교적인 것이 지닌 특별한 사용불가능성을 해치고 위반하는 모든 행위는 신성모독이었다. 그것은 천상과 지옥의 신들에게만 지정된 것이었다(천상의 신들에게 지정된 것은 고유하게 '성스러운' 것이라 불렸으며, 지옥의 신들에게 지정된 것은 단순히 '종교적인' 것이라고 불렸다). '봉헌하다/바치다'$^{sacrare}$라는 용어는 인간법의 영역에서 사물을 끄집어내는 것을 가리키며, 그와 반대로 '세속화하다'$^{profanare}$라는 용어는 사물들을 인간이 자유롭게 사용할 수 있게 되돌리는 것을 뜻했다. 그래서 위대한 법학자 트레바티우스는 다음과 같이 적을 수 있었다. "세속적인 것이란 본디 성스럽거나 종교적이었던 것에서 인간들이 사용하고 소유할 수 있게 되돌려진 것을 말한다."

이렇게 보면 종교는 사물, 장소, 동물, 사람을 공통의 사용에서 끄집어내 분리된 영역으로 옮기는 것이라고 정의할 수 있다. 분리 없는 종교는 없으며, 모든 분리는 진정 종교적인 핵심을 포함하고 보존한다. 분리를 실행하고 조절하는 장치가 희생제의이다. 다양한 문화마다 다르고, 세밀하게 정비된 일련의 의례(앙리 위베르와 마르셀 모스는 끈기 있게 그 목록을 만든 바 있다)를 통해 희생제의는 모든 경우에 세속적인 것에서 성스러운 것으로, 인간의 영역에서 신의 영역으로 가는 이행을 재가裁可한다. 그러나 의례에 의해 분리된 것은 의례에 의해 세속의 영역으로 되돌려질 수 있다. 세속화란 희생제의에 의해 분리·분할된 것을 공통으로 사용할 수 있게 되돌리는 역逆-장치이다.[12]

---

[12] 아감벤은 세속화의 한 예로 '놀이'를 든다. 원무(圓舞)는 결혼 의례에서 유래했고, 공놀이는 태양을 소유하기 위해 신들이 벌인 싸움에서 비롯됐으며, 도박은 신탁 풍습에서 온 것이고, 팽이나 체스판은 점술의 도구였다. 이처럼 의례나 희생제의에 의해 신성한 것으로 분리됐던 것이나 활동을 공통으로 사용할 수 있게 되돌리는 것이 세속화이다. 아감벤이 말하고 있는 세속화(혹은 세속화 전략)에 대한 대략적인 내용으로는 본서에 수록된 '부록 1'을 참조하라.

9. 이렇게 보면 자본주의나 현대 권력의 형상은 종교를 정의하는 것인 분리 과정을 일반화하고 극단까지 밀어붙이는 듯하다. 우리는 이제 막 장치들의 신학적 계보를 그려봤다. 장치들을 오이코노미아, 즉 신의 세계통치라는 그리스도교적 패러다임에 접속시키는 계보 말이다. 이 계보를 고찰해보면 현대의 장치들은 전통적인 장치들과는 다르게 보인다. 그래서 현대의 장치들을 세속화하는 것은 특히 더 문제적인 것이 된다. 사실 모든 장치는 주체화 과정을 내포하며, 이 과정이 없다면 장치는 통치장치로 기능할 수 없고 그저 폭력 행사가 되어버린다. 그렇기에 푸코는 규율사회에서 장치들이 어떻게 일련의 실천, 담론, 앎, 훈련을 통해 순종적이지만 자유로운 신체를 만들어낼지를 목표로 삼았는지 보여줬다. 그 신체는 확실히 자신이 예속되는 바로 그 과정에서 주체로서의 정체성이나 '자유'를 받아들인다. 즉, 장치란 무엇보다 주체화를 생산하는 하나의 기계이다. 그리고 그런 기계이기에 비로소 통치기계이기도 하다. 고해성사는 그 분명한 예이다. 분열되어 있지만 동시에 자기를 지배하고 안전하게 만드는 서구적 주체성의 형성은 속죄장치가 수세기에 걸

처 작동했다는 것과 분리될 수 없다. 속죄장치에서는 새로운 '나'가 옛날의 '나'의 부정과 수용을 통해 구성된다. 즉, 속죄장치에 의해 조작된 주체의 분열은 새로운 주체를 생산하는 것이며, 그 새로운 주체는 [에덴동산에서] 쫓겨난 죄가 깊은 '나'의 비非진리 속에서 자신의 진리를 찾아냈다. 감옥장치에 관해서도 이와 유사한 고찰을 행할 수 있다. 감옥장치는 많든 적든 예기치 못한 결과로서 비행자非行者라는 주체와 비행의 환경13)을 구성해낸다. 이 주체가 새로운(이번에는 완전히 계산된) 통치기술의 주체가 된다.14)

---

13) 푸코의 설명에 따르면 환경(milieu)이란 "어떤 물체가 다른 물체에 거리를 두고 미치는 행동을 설명하기 위해 필요한 것"으로서, "어떤 작용의 순환이 기초하고 있는 근간이자 요인"을 지칭한다. 미셸 푸코, 오트르망 옮김, 『안전, 영토, 인구: 콜레주드프랑스 강의 1977~78년』, 도서출판 난장, 2010, 46~47쪽. 특히 각주 36~37번도 참조하라.
14) 수감에 의해 범법자들이 몰리면서 오히려 비행 환경이 만들어져 이후 불법적 행동을 양산하게 되고, 거꾸로 이 비행 환경이 다양한 정치적·경제적 목적을 위해 재활용되는 전략적 상황을 두고 푸코는 '장치의 전략적 메우기'(le remplissement stratégique du dispositif)라고 불렀다. 여기에서 '메우기'란 한편으로 장치에서 이탈하는 자들이 뚫어대는 구멍을 메우는 것이요, 다른 한편으로 자신의 환경을 이루는 새로운 전략적

현 단계의 자본주의에서 우리가 직시할 필요가 있는 장치들을 정의해주는 것은, 이 장치들이 더 이상 주체의 생산을 통해서가 아니라 오히려 탈주체화라고 부를 수 있는 과정을 통해서 작동한다는 사실이다. 탈주체화의 계기는 확실히 모든 주체화 과정에 암묵적으로 포함되어 있다. 이미 살펴봤듯이 '속죄하는 나'는 자신을 부정함으로써만 자신을 구성했다. 그러나 오늘날에는 주체화 과정과 탈주체화 과정이 서로 차이나지 않게 되는 것 같고, 또 가면을 쓰거나 이른바 유령적인 형태가 아니고서는 새로운 주체의 재구성은 일어나지 않는 듯하다. 주체의 비진리 속에서는 더 이상 어떤 식으로도 주체의 진리가 중요하지 않다. '휴대전화'라는 장치에 포획되도록 스스로를 내버려둔 자는, 얼마나 강한 욕망에 의해 그렇게 됐든 간에, 새로운 주체성을 획득하기는커녕 그저 하나의 번호를 얻을 뿐이다. 그 번호를 통해 그 사람은 때때로 통제당할 수 있다. 텔레비전 앞에서 밤을 보내는 시청자가 자신이

---

조건에 장치가 지속적으로 적응함으로써 긴급함의 요청을 충족시키는 것으로 이해할 수 있겠다. Foucault, "Le jeu de Michel Foucault," pp.299~300. [「육체의 고백」, 237쪽.]

행한 탈주체화의 대가로 받게 되는 것은 채널을 이리 저리 돌려대는 자<sup>zappeur</sup>의 욕구불만 섞인 가면이거나 시청률 계산에 포함된다는 사실뿐이다.

따라서 테크놀로지에 대해 좋은 의도를 가진 담론은 공허하다. 그런 담론은 장치들에 관한 문제가 결국 그것을 어떻게 똑바로 사용하느냐의 문제라고 단언한다. 모든 장치에는 각각 정해진 주체화 과정이 (이 경우에는 탈주체화 과정인데) 대응한다. 따라서 장치의 주체가 장치를 '올바르게' 사용한다는 것은 결코 있을 수 없다. 장치들을 똑바로 사용하면 된다고 하는 담론은 이 사실을 간과하는 것처럼 보인다. 더욱이 이와 비슷한 담론을 주장하는 자들은 그들 자신을 포획하는 미디어 장치의 결과로서 생겨난 자들이다.

10. 현대 사회는 이처럼 막대한 탈주체화 과정에 의해 관통되는 관성을 지닌 물체의 모습을 띤다. 그리고 이 탈주체화 과정에 부합하는 어떤 현실적인 주체화도 없다. 그리하여 현실적인 정체성(노동운동, 부르주아지 등)이나 주체를 전제로 삼았던 정치가 쇠퇴하고, 그 자신의 재생산만을 겨냥하는 순수한 통치활동인 오이코

노미아가 승리한다. 따라서 오늘날 서로 번갈아가며 권력을 경영하고 있는 우파와 좌파는 이 '우파'와 '좌파'라는 용어의 기원이 된 정치적 맥락과는 거의 상관없게 됐으며, 단순히 동일한 통치기계의 양극단을 가리키는 이름이 됐다(한쪽은 주저 없이 탈주체화로 향하며, 다른 한쪽은 훌륭한 민주주의적 시민이라는 위선적 가면으로 이 탈주체화를 뒤덮고 감추려든다).

그로부터 무엇보다 지금까지 인류 역사상 가장 순종적이고 허약한 사회체와 마주하게 된 바로 그 순간에 권력이 품게 되는 기묘한 걱정이 생겨나게 된다. 얼핏 역설적으로 보이겠지만, 후기산업 민주주의의 시민(어떤 이들은 이런 사람들을 '블룸'으로 부르자고 설득력 있게 제안했다15))이 주문 받은 것은 뭐든지 열심히 수

---

15) 지금은 해체된(1999~2001) '티쿤'('회복' 또는 '구원된 세상'을 뜻하는 헤브루어 '티쿤 올람'에서 차용한 명칭)이라는 집단이 「블룸 이론」에서 사용한 표현. '상상당'(le Parti imaginaire) 또는 '눈에 보이지 않는 위원회'(le Comité invisible)라고 자칭하기도 했던 이 집단은 사상적으로 푸코의 생명권력론, 드보르의 스펙터클론, 하이데거의 기분(Stimmung) 개념, 그리고 무엇보다 아감벤의 영향을 많이 받았다. 블룸은 제임스 조이스의 소설 『율리시즈』(1922)에 등장하는 '블룸 씨'에서

행하면서도 일상적인 몸짓이나 건강, 휴식이나 일, 영양섭취나 욕망을 가장 미세한 부분에 이르기까지 장치들에 의해 지휘되고 통제되도록 내버려둘 때, 권력은 이런 독도 약도 되지 않는 시민을 (어쩌면 바로 그

---

따온 것으로서 특성 없는 사람, 인간으로서의 본질을 박탈당한 한낱 인간(벌거벗은 생명)을 가리킨다. 스펙터클의 사회에서 존재조건은 추상적으로 변하며, 공동체를 상실한 인간인 블룸에게는 집 밖에 있다는 느낌 또는 망명이 일상이 된다. 우리가 우리에게 속하지 않고, 이 세계가 우리의 세계가 아닌 존재인 블룸을 소유하는 것은 경제와 상품이다. 메트로폴리스에 있는 고독하고 고립된 인간들을 형상화하는 이 블룸은 장치에 완전히 포획되고 소외된 무력한 생명체로보인다. 하지만 티쿤은 오늘날 혁명을 기대할 수도 없고 준비할 수도 없지만, 역사의 내적 시간성의 보이지 않는 충동에 따라 혁명이 완수될 것이며, 이것은 오늘날의 실존 조건인 블룸에서 시작된다고 본다. 블룸이 없다면 상품은 생성과 모든 접촉을 결여한 순전히 형식적인 원리에 지나지 않게 되기 때문에, 블룸은 그 안에 상품사회의 붕괴를 담지하고 있다는 것이다. 또한 티쿤은 스펙터클과 생명권력 장치를 단순히 거부하고 그에 대해 반란을 일으킬 수 없기에 오로지 그 장치들을 가지고 '전략적으로 조합'하는 수밖에 없다고 주장한다. 이 점에서 티쿤의 주장은 아감벤의 장치론과 밀접한 관련이 있다. 원래 팸플릿으로 발표된「블룸 이론」은(*Tiqqun*, n°1, Paris: Tiqqun, 1999, pp.23~45) 단행본으로 재출간됐다. Tiqqun, *Théorie du Bloom*, Paris: La Fabrique, 2000.

때문에) 잠재적인 테러리스트로 간주하게 된다. (전자지문에서 인상기록 사진에 이르기까지) 인체인식 테크놀로지는 재범자를 식별하기 위해 19세기에 발명됐는데, 오늘날 이 테크놀로지를 발달시키고 완성시킨 생체인식 장치가 유럽의 새로운 규범에 의해 모든 시민에게 부과된다. 이렇게 생각하면 비디오카메라를 통한 감시는 도시의 공적 공간들을 거대한 감옥의 내부로 변형시킨다. 당국의 관점에서 보면(그리고 아마도 당국은 옳은 것 같다) 보통의 일반인들만큼 테러리스트와 닮은 자도 없다.

장치들이 삶의 모든 영역에 그 권력을 침투시키고 분산시키면 시킬수록, 통치의 앞에는 붙잡을 수 없는 요소가 더 많이 출현하게 된다. 그 요소는 통치의 포획에 순종적으로 따르는 만큼 그것으로부터 도망치는 듯이 보인다. 그렇지만 그것은 그 자체로 혁명적인 요소를 대표하지도 않으며, 통치기계를 정지시키거나 심지어 위협하지도 못한다. 역사의 종말이라는 예고 대신에 우리가 사실상 목도하고 있는 것은 [통치]기계의 끊임없는 공회전이다. 그 기계는 신학적인 오이코노미아를 대규모로 패러디하는 가운데, 섭리에 토대를 둔 세계통치의 유산을 자기 안에 받아들인다. 이 통치기계는 세계를 구원하기는커녕 세계를 파국으로 이끌어간다. 이런 의미에서 이 통치기계는 섭리가 원래 갖고 있는 종말론적인 사명에는 충실한 셈이다. 그러므로 장치들을 세속화하는 문제, 즉 장치들 안에 포획되고 분리됐던 것을 공통으로 사용할 수 있게 되돌리는 문제는 그만큼 더욱더 긴급한 사안이다. 이 문제를 짊어진 자들이 주체화 과정이나 장치들에 개입할 수 있게 되고, '통치될 수 없는 것'l'Ingovernabile에 빛을 비추게 될 때에야 비로소 이 문제는 올바르게 제기될 것이다. 이 '통치될 수 없는 것'이야말로 모든 정치의 시작이기도 하며 소실점이기도 하다.

## 2. 친 구*

1. 우정은 철학의 정의에 너무나 밀접히 연결되어 있기에 우리는 우정 없이는 철학이 정말로 불가능하리라고 말할 수 있다. 철학이라는 이름 안에 필로스philos, 즉 친구가 들어 있을 정도로 우정과 철학의 내밀한 관계는 상당히 깊다. 하지만 지나치게 가까운 경우에 흔히 발생하듯이 철학으로는 우정을 이해하지 못할 위험이 있다. 고대 세계에서 친구와 철학자가 뒤범벅되어 있으며, 그 둘이 거의 동질적인 성격을 갖고 있음은 자명했다. 또 분명 모종의 방식으로 고어를 사용하려는 의도를 가지고 어느 현대 철학자는 "철학이란 무

---

* 2007년 2월 19일 아감벤은 스위스의 로잔에서 '2006년 샤를르 베이옹 유럽피안 에세이 상'을 수상한 바 있다. 이 글은 당시 아감벤이 행한 수상 기념 연설문이다

엇인가?"라는 극단적인 물음을 던지던 바로 그 순간에 그것이 친구들 사이에entre amis 다뤄야 할 물음이라고 적을 수 있었던 것이다. 사실 오늘날 우정과 철학의 관계는 신임을 잃었다. 직업으로 철학을 하는 자들은 일종의 곤궁과 악의를 가지고 자기 사유의 불편한, 이른바 은밀한 파트너와 끝장을 보려 한다.

수년 전, 나는 친구인 장-뤽 낭시와 우정이라는 주제로 서신을 교환하기로 했다. 우리는 서신 교환이야말로 문제에 접근하고, 마치 그 문제를 "무대에 올리는/연출하는" 가장 좋은 방법이라고 믿었다. 그렇게 하지 않으면 그 문제는 분석적 서술을 빠져나갈 것 같았다. 내가 먼저 편지를 썼다. 답장을 기다리면서 걱정이 없었던 건 아니다. 나는 이 자리에서 낭시의 편지가 도착했다는 것이 무슨 이유로(혹은 오해로) 우리 계획의 끝을 의미하게 됐는지를 이해하려고 애쓰지는 않을 것이다. 하지만 이것만은 확실하다. 우리 계획대로라면 우리의 우정은 그 문제에 다가가는 특권적인 접근로를 열었어야 했다. 그런데 우리의 우정은 걸림돌이 됐다. 그리고 어떤 면에서, 적어도 잠정적이기는 하지만 우리의 우정도 불투명해졌다.

이와 비슷한 불편함을 알아서인지 자크 데리다는 우정에 대한 책을 쓰면서 전통적으로 아리스토텔레스가 말했다고 간주되는 수수께끼 같은 정식을 라이트모티프leitmotiv로 선택했다.1) 그 정식은 우정을 들먹이는 바로 그 몸짓 속에서 우정을 부정한다. "오, 친구들이여, 친구들이 없구나."ō philoi, oudeis philos 사실 그 책의 주제 중 하나는 데리다가 우리의 철학·정치 전통을 지배하는 남근중심주의적 우정 개념이라고 정의한 것에 대한 비판이다. 데리다가 이 책의 기원이 된 세미나를 하던 때, 우리는 문제가 되는 그 정식 혹은 변덕과 바로 연관된 이 신기한 문헌학적 문제에 대해 함께 토론한 적이 있다. 특히 미셸 드 몽테뉴와 프리드리히 니체가 그 구절을 디오게네스 라에르티오스에서 따다가 인용했음을 알 수 있다. 그렇지만 우리가 『유명한 철학자들의 생애와 사상』의 근대 판본을 펼쳐보더라도 아리스토텔레스의 전기에 할애된 장(5권, 21)에서는 문제가 되는 그 구절을 찾을 수 없다. 오히려 겉보기에는 거의 비슷하지만 그 의미는 어쨌든 다르고 덜

---

1) Jacques Derrida, *Politiques de l'amitié*, Paris: Galilée, 1994.

수수께끼 같은 구절이 나온다. "친구들을 (많이) 가진 자에게는 친구가 없다"hōi philoi, oudeis philos(여기서는 [맨 앞 단어의] 오메가 아래 이오타가 붙었다).2)

도서관에 한 번만 가면 이 신비는 쉽사리 풀린다. 1616년 제네바의 위대한 문헌학자 이작 카조봉이 편집한『유명한 철학자들의 생애와 사상』의 새로운 판본이 출간됐다. 지금 문제가 되는 그 구절(그의 장인 앙리 에스티엔느가 출판한 판본3)에는 여전히 "오, 친구들이여"ō philoi라고 되어 있었다)에 도달하자 카조봉은 주저 없이 사본의 수수께끼 같은 독법을 고쳤고, 이렇게 그 사본은 완전히 이해할 수 있는 것이 된다. 그래서 이후의 편집자들은 이 수정을 받아들였다.4)

---

2) "ὦ φίλοι"에서처럼 오메가를 연기식으로 부드럽고 길게 발음하면 '호격'으로 쓰여, '~여'를 뜻하지만, "ᾧ φίλοι"처럼 오메가 아래 이오타를 붙이고 강기식으로 된발음할 경우에는 관계대명사 여격, 즉 '~한 사람에게'가 된다.
3) Henri Estienne, *Diogenis Laertii De vitis, dogm. et apophteg. eorum qui in Philosophia claruerunt, Libri X*, Geneva, 1570.
4) 에스티엔느(Henri Estienne, 1528?~1598)가 편집·출간한 판본에는『유명한 철학자들의 생애와 사상』의 그리스어 텍스트, 암브로시우스의 라틴어 번역, 그리고 자신의 주석이 들어 있었다. 젊은 문헌학자였던 카조봉(Isaac Casaubon, 1559~1614)

나는 곧 바로 내 조사 결과를 데리다에게 알려줬다. 그런데 『우정의 정치학』이라는 제목으로 출간된 데리다의 책에서 나는 이 문제에 대한 어떤 흔적도 발견할 수 없다는 사실에 놀랐다. 만일 (근대 문헌학자들이 의심스럽게 생각하는) 그 정식이 [데리다의] 책에서 원래 형태 그대로 쓰였다면, 이는 분명 데리다의 망각 때문은 아니었다. 그 책의 전략상 우정은 긍정되는 동시에 문제시되어야 한다는 것이 중요했다.[5]

---

은 1583년 '이작 호르투스보누스'라는 필명으로 『디오게네스 라에르티오스에 대한 노트』(*Notae ad Diogenum Laertium*)을 출간했는데 여기에는 디오게노스르 라에르티오스의 생애, 주석, 정오표, 저작 찾아보기 등이 들어 있다. (1616년이 아닌) 1593년판부터 에스티엔느의 판본에 그의 사위인 카조봉의 노트가 함께 수록됐다. 아감벤은 이 책의 재판(1615년)을 참조한 것으로 보인다. 카조봉에 대해서는 다음을 참조하라. Hélène Parenty, *Isaac Casaubon, helléniste: Des studia humanitatis à la philologie*, Genève: Droz, 2009.

5) 아감벤의 주장과 달리 데리다는 『우정의 정치학』에서 '오메가'를 둘러싼 두 독법의 문제를 다루고 있다(Derrida, *Politiques de l'amitié*, p.235ff). 다만 데리다는 아감벤이 알려줬다는 카조봉의 수정에 대해서는 언급하지 않으며, 카조봉이 수정하기 전의 형태를 옹호하기 위해 애쓴다. 디오게네스 라에르티오스는 문제가 되는 구절을 인용하고 나서 아리스토텔레스의 『윤

이 점에서 데리다의 몸짓은 니체의 그것을 반복했다. 아직 문헌학을 공부하는 학생이던 시절, 니체는 디오게네스 라에르티오스의 원전들을 연구하기 시작했다. 니체는 『유명한 철학자들의 생애와 사상』이라는 텍스트의 역사(그리고 카조봉의 수정)를 잘 알고 있었음에 틀림없다. 그러나 우정의 필연성, 그리고 동시에 친구들에 대한 어떤 불신은 니체 철학의 전략상 아주 중요했다. 그래서 당대에도 이미 더 이상 채택되지 않던 전통적인 독법을 사용한 것이다(1828년 출판된 자비네 휘브너 판본은 근대 판본을 따르며 다음과 같이 덧붙였다. "'오, 친구들이여'라고 읽혔으나 카조봉이 수정했다"legebatur ō philoi, emendavit Casaubonus).

---

리학』 7권을 참조하라고 하는데, 이것은 정확히 『에우데모스 윤리학』 7권(1245b20-21)을 가리킨다. 거기에 "친구들이 많은 자에게는 친구가 없다"(οὐθεὶς φίλος ᾧ πολλοὶ φίλοι)는 구절이 나온다. 데리다는 『에우데모스 윤리학』 7권의 1244b10 이하를 인용하면서 자신의 독법을 고수하지만 정작 열쇠가 되는 위 구절은 언급하지 않는다. 아감벤의 말대로 데리다는 전략적인 선택을 하고 있는 것이다. 오늘날 디오게네스 라에르티오스의 『유명한 철학자들의 생애와 사상』을 편집하는 대부분의 연구자들은 카조봉의 수정을 받아들이고 있다.

2. '친구'라는 용어의 특수한 의미론적 지위가 근대 철학자들을 불편하게 만들었을 수도 있다. 잘 알려져 있다시피 누구도 결코 "나는 너를 사랑해"라는 구句의 의미를 만족스럽게 정의하지 못했다. 그 구가 수행적 성격을 갖는다고, 즉 그 의미가 그 구를 발화하는 행위와 일치한다고 생각할 수 있을 만큼 말이다. "나는 네 친구야"라는 표현에 대해서도 비슷하게 생각할 수 있을 것이다. 비록 이 경우에는 수행적인 것의 범주를 참조할 수 없어 보이지만 말이다. 내 생각에 오히려 '친구'라는 단어는 언어학자들이 비非술어적이라고 정의한 용어의 부류에 들어간다. 즉, 그걸 가지고 해당 술어가 속한 모든 대상을 포괄하는 부류를 구축하는 게 불가능한 그런 용어들의 부류에 말이다. '흰,' '단단한,' '따뜻한'은 분명 술어적 용어이다. 그러나 '친구'가 이런 뜻에서 일관된 부류를 정의한다고 말할 수 있을까? 기이하게 보일지도 모르겠지만 '친구'는 이런 성질을 비술어적인 다른 종류의 용어들, 예컨대 욕과 공유한다. 언어학자들은 욕하는 사람이 욕먹는 사람을 특수한 범주(예를 들어 언어별로 배설물 또는 남성이나 여성 성기의 범주들)에 등록하기 때문에 욕이 욕먹는 사람

을 공격하는 것은 아니라는 사실을 보여줬다. 그런 것은 그저 불가능하거나 어쨌든 거짓이다. 욕이 효과적인 까닭은 그 욕이 진위문constative utterance 노릇을 하기보다는 외려 고유명 노릇을 하기 때문이다. 왜냐하면 언어활동에서 이름을 불린 자가 그것을 받아들일 수 없지만, 그것에 맞서 자신을 방어할 수도 없는 방식으로 그 이름이 불리기 때문이다. (마치 누군가가 내 이름이 조르조인 것을 알면서도 끝까지 가스통이라고 부를 때처럼 말이다.) 욕에서 공격하는 것은 순수한 언어경험이지 세계에 있는 어떤 지시대상이 아니다.

이것이 맞다면 '친구'라는 용어는 이 조건을 욕하고만 공유하는 것이 아니라 철학 용어들과도 공유한다. 잘 알다시피 철학 용어들은 객관적 외시를 갖지 않는다. 중세 논리학자들이 '초험적'이라고 정의한 용어들처럼 그것들은 그저 언어를 의미할 뿐이다.

3. 로마의 국립고대예술박물관에는 조반니 세로디네의 그림이 있다. 사도 베드로와 사도 바울이 순교의 길 위에서 만나는 것을 묘사한 그림이다. 그림 중앙을 차지하며 정지해 있는 두 성인은 그들을 사형대로 끌

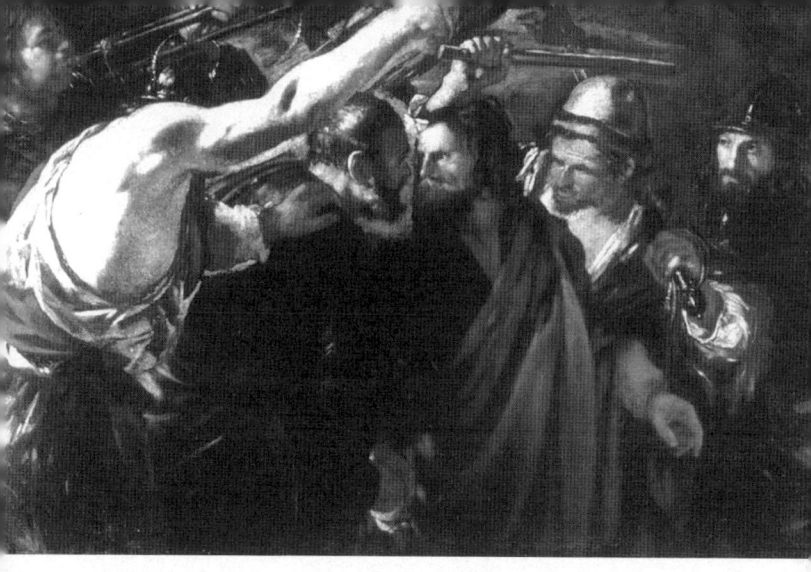

조반니 세로디네(Giovanni Serodine, 1600~1631), 『순교의 길에서 만난 성 베드로와 성 바울』(Incontro di San Pietro e San Paolo sulla via del matirio, 1624~25).

고 가는 병사들과 형리들의 거친 손짓에 둘러싸여 있다. 평론가들은 두 사도의 영웅스런 준엄함과 군중의 난리법석을 자주 대비시켰는데 이는 팔, 얼굴, 나팔에 무작위로 튀기는 빛 방울에 의해 여기저기서 돋보이게 된다. 내 생각에 이 그림을 고유하게 [다른 그림과] 비교불가능하도록 만들어주는 것은 이것이다. 세로디네가 두 사도의 얼굴을 서로 거의 맞닿을 만큼 너무나 근접시킨 나머지 두 사도는 전혀 서로를 보지 못할 지경이다. 순교의 길 위에서 그들은 서로 알아보지 못한 채 마주보는 것이다. 그림 밑에 겨우 보일 듯 말 듯 마

주 잡은 손들의 묵묵한 손짓은 이른바 지나친 근접성이 주는 이런 인상을 강화해준다[옆 그림(부분 확대)]. 나는 항상 이 그림이 우정에 대한 완벽한 알레고리를 담고 있다고 생각했다. 사실 우정이란 우리가 그것에 대해 표상도, 개념도 만들 수 없는 그런 근접성이 아니라면 대체 무엇이란 말인가? 누군가를 친구로 인정한다는 것은 그 사람을 '어떤 것'qualcosa으로 인정할 수 없다는 뜻이다. 우리는 '친구'를 '흰색의,' '이탈리아인의,' '따뜻한'을 말하듯이 말할 수는 없다. 우정은 한 주체의 속성이나 성질이 아니다.

4. 이제 내가 논평하기로 했던 아리스토텔레스의 구절을 읽을 차례이다. 이 철학자는 진정 고유한 형태의 논고를 우정에 할애했다. 『니코마코스 윤리학』의 8~9권이 그것이다. 그것은 철학사를 통틀어 가장 유명하고 가장 많이 논의된 텍스트이기 때문에, 나는 가장 확실하게 정립된 다음의 테제들을 여러분이 알고 있다고 생각하고 건너뛰겠다. 즉, 친구들 없이는 살 수 없다, 이로움 내지 즐거움에 바탕을 둔 우정과 친구 그 자체를 좋아하는 덕스러운 우정을 구별해야 한다, 친구

를 많이 갖는 것은 가능하지 않다, 멀리 떨어진 우정은 잊기 쉽다, 등등. 이 모든 것은 잘 알려져 있다. 그러나 내가 보기에 그 논고에서 마땅히 받아야만 할 관심을 충분히 받지 못한 구절이 있다. 그 구절은 이른바 [우정에 관한 아리스토텔레스의] 이론의 존재론적 기초를 담고 있다. 그 구절은 1170a28-1171b35이다. 함께 읽어보자.

> 또 보는 사람은 자기가 보고 있음을, 듣는 사람은 자기가 듣고 있음을, 걷는 사람은 자신이 걷고 있음을 지각하고$^{aisthanetai}$, 마찬가지로 다른 모든 활동에 있어서도 우리가 활동하고 있다고$^{hoti\ energoumen}$ 지각하는 어떤 것이 존재해서, 우리가 지각하고 있음을 지각하고 우리가 사유하고 있음을 사유한다면, 그런데 우리가 지각하고 있음을 혹은 사유하고 있음을 지각하는 것이 우리가 존재한다는 것을 지각하는 것이라면(왜냐하면 존재한다는 것$^{to\ einai}$은 지각한다는 것 혹은 사유한다는 것이었으니까),
> 
> 또 살아 있음을 지각하는 것이 그 자체로 즐거운 일에 속한다면(삶은 본성상 좋은 것이고, 좋음이 자기

자신에게 속한다는 것을 지각하는 일은 그 자체 즐거운 것이니까),

산다는 것은 선택할 만한 것, 특히 다른 누구보다도 좋은 사람들이 선택할 만한 것이다. 왜냐하면 그들에게는 존재가 좋고 즐겁기 때문이다.

(그들은 그 자체로 좋은 것을 친구와 함께 지각하면서 synaisthanomenoi[즉 서로의 존재를 지각하면서] 즐거워하니까.) 좋은 사람은 자신에 대해 느끼는 것을 친구에 대해서도 느낀다. [친구는 또 다른 자기 heteros autos이니까.] 각자에게 자신의 존재 to auton einai가 선택할 만한 것이듯 친구의 존재도 선택할 만한 것, 혹은 거의 그럴 만한 것이다.

존재한다는 것이 선택할 만한 것이 되는 것은 자신이 좋은 사람임을 지각하기 때문이다. 그런 지각 aisthēsis은 그 자체로 즐거운 것이다. 따라서 친구가 존재한다는 것을 [친구와] 함께 지각하는 일이 필요한데, 이것은 함께 살며 서로 행위와 생각을 나누는 koinōnein 일을 통해 성립한다. 인간에게 있어서 함께 산다 syzēn는 것은 가축의 경우처럼 목초지를 함께 나눈다는 뜻이 아니라, 이런 것을 의미하는 것으로 보이기 때문이다.

…… 우정은 공통의 교제이며, 자기 자신을 대하듯이 친구를 대하는 것이니까. 그런데 자기 자신에 대해서는 자기가 존재하고 있음에 대한 지각$^{aisth\bar{e}sis\ hoti\ estin}$이 선택할 만한 일이며, 친구가 존재함을 지각하는 것도 마찬가지로 선택할 만한 일이다.[6]

5. 우리는 극히 촘촘한 논고를 다루고 있다. 아리스토텔레스는 제1철학$^{pr\bar{o}t\bar{e}\ philosophia}$의 테제들을 진술하고 있는데, 이는 그의 글 다른 어디에서도 이런 형태로는 만날 수 없는 것이다.

1) 순수 존재에 대한 지각, 즉 존재함에 대한 지각$^{aisth\bar{e}sis}$이 있다. 아리스토텔레스는 존재론의 전문용어를 바꿔가면서 여러 차례 이 지적을 반복한다. 우리가 존재하고 있음에 대한 지각$^{aisthanometha\ hoti\ esmen}$, 자기가 존재하고 있음에 대한 지각$^{aisth\bar{e}sis\ hoti\ estin}$ 등. 여

---

[6] 아리스토텔레스, 이창우·김재홍·강상진 옮김, 『니코마코스 윤리학』, 이제이북스, 2006, 341~342쪽. 인용구절은 아감벤의 번역에 맞춰 수정했다(이하 동일). 특히 아리스토텔레스가 '말(logos)과 생각을 나눈다'고 적은 구절을 아감벤은 '행위(azioni)와 생각을 나눈다'고 옮기고 있다.

기에서 자기가 존재하고 있음$^{\text{hoti estin}}$은 무엇임$^{\text{quid est/ti estin}}$에 반대되는 존재함$^{\text{quod est}}$이다.

2) 존재함에 대한 이 지각은 그 자체로 즐거운$^{\text{hēdys}}$ 것이다.

3) 존재하는 것과 사는 것, 존재한다는 것을 지각하는 것과 사는 것을 지각하는 것은 등가적이다. 바로 이것은 니체의 다음과 같은 테제를 결정적으로 예견한 것이라 하겠다. "존재 — 우리는 살아 있다는 것 외에는 그것을 경험하지 않는다"(우리는 유사하지만 더 일반적인 주장을 『영혼론』의 415b13에서도 발견한다. "존재한다는 것, 생명체에게 그것은 산다는 것이다").[7]

4) 존재하고 있음에 대한 지각 안에 (특유하게 인간적인) 또 다른 지각이 있다. 그것은 친구의 존재를 함께-지각하는$^{\text{synaisthanesthai}}$ 형태를 띤다. **우정은 자신의 고유한 존재감 속에서 친구의 존재를 함께-지각하는 심급이다.** 하지만 이는 우정이 존재론적인 동시에 정치적인 지위를 가짐을 의미한다. 존재함에 대한 지각은 사실 항상

---

[7] 아리스토텔레스, 유원기 옮김, 『영혼에 관하여』, 궁리, 2001, 147~148쪽.

이미 분할되고 함께 나눈 것이다. 그리고 우정은 바로 이 함께 나눔[공유]을 명명한다. 거기에는 어떤 상호주체성(근대인들의 망상)도, 주체들 사이의 어떤 관계도 없다. 외려 존재 자체가 분할되며, 그 자신과 동일하지 않은 것이다. 자기와 친구는 이 함께 나눔의 두 면 또는 두 극이다.

5) 그렇기 때문에 친구는 또 다른 자기$^{heteros\ autos}$인 것이다. 이 표현은 라틴어 알테르 에고$^{alter\ ego}$로 번역되면서 기나긴 역사를 겪었다. 물론 여기는 그 역사를 재구성하는 자리가 아니다. 하지만 그리스어로 된 정식이 근대인들이 라틴어로 옮겨진 판본을 귀로 들을 때 지각할 수 있는 것보다 의미상 더 풍부하다는 사실을 강조하는 것이 중요하다. 무엇보다 먼저 그리스어나 라틴어나 타자성을 말하기 위해 두 용어를 사용한다. 알로스$^{allos}$(라틴어로는 알리우스$^{alius}$)는 유적 타자성을 가리키고, 헤테로스$^{heteros}$(라틴어로는 알테르$^{alter}$)는 둘 사이의 대립, 즉 이질발생성을 가리킨다. 게다가 라틴어 에고는 '나 자신'을 뜻하는 아우토스$^{autos}$의 정확한 번역이 아니다. 친구는 또 다른 자아$^{altro\ io}$가 아니라 자기 자신 속에 내재하는 타자성, 자기 자신의 타자되

기이다. 내가 나의 존재를 즐거운 것으로 지각하는 지점에서, 나의 지각은 그 지각을 탈구시켜 친구, 즉 다른 자신에게로 이송[추방]하는 함께-지각하기에 의해 관통된다. 우정은 자기의 가장 내밀한 지각 한가운데에 있는 이 탈주체화이다.

6. 이제 아리스토텔레스에게 우정이 갖는 존재론적 지위가 잘 정립된 셈이다. 우정은 제1철학에 속한다. 왜냐하면 우정에서 문제가 되는 것은 경험 자체, 즉 존재함에 대한 '지각' 자체와 관련 있기 때문이다. 그래서 우리는 왜 '친구'가 어떤 개념에 덧붙어서 그것을 어떤 부류에 등록하는 실질적인 술어일 수 없는지 이해할 수 있다. 근대의 용어로 말하자면 우리는 '친구'라는 용어가 범주적이지 않고 존재적이라고 말할 수 있을 것이다. 하지만 (그 자체로 개념화될 수 없는) 이 존재적임 역시 정치적 역량 같은 무언가를 추동하는 강도intensità에 의해 관통된다. 여기서 강도라는 것은 존재함에 대한 지각 자체, 즐거움 자체를 분할하고, 흩뿌리고, 함께 나눌 수 있게 만드는, 보다 정확히 말하면 항상 이미 공유된 함께syn이다.

아리스토텔레스에게 이 함께 나눔이 정치적 의미를 갖는다는 사실은 방금 분석한 텍스트의 구절에 함축되어 있다. 이제 그 구절로 되돌아가보자.

따라서 친구가 존재한다는 것을 [친구와] 함께 지각하는 일이 필요한데, 이것은 함께 살며 서로 행위와 생각을 나누는 일을 통해 성립한다. 인간에게 있어서 함께 산다는 것은 가축의 경우처럼 목초지를 함께 나눈다는 뜻이 아니라, 이런 것을 의미하는 것으로 보이기 때문이다.

"목초지를 함께 나눈다"고 옮긴 표현은 "엔 토 아우토 네메스타이"en tōi autōi nemesthai이다. 그렇지만 동사 '나누다'nemo에는 우리가 알다시피 정치적인 함의가 풍부하게 들어 있다. 이 동사의 파생명사인 노모스 nomos를 생각해보면 충분하겠다. 그 동사의 중간태는 "몫을 갖다"를 의미한다. 간단히 말해서 아리스토텔레스의 표현은 "같은 것에 대한 몫을 갖다"를 뜻할 수 있겠다. 어쨌든 중요한 것은 여기에서 인간들의 공동체가 동물들의 공동체와 달리 함께 산다는 것으로 정의된다는 사실이다(여기서 함께 살다$^{syzēn}$는 전문적인 의미를 얻게 된다). 함께 산다는 것은 공통의 실체에 참여하는 것으로 정의되는 것이 아니라 순전히 존재적인 함께 나눔, 이른바 대상 없는 함께-나눔으로 정의된다. 그러므로 우정은 존재한다는 순수한 사실을 함께-지각하는 것이다. 친구들은 어떤 것(출생, 법, 장소, 취향)을 함께 나누지 않는다. 친구들은 우정에 대한 경험에 의해 함께-나눠져 있다. 우정은 여하한 분할에 앞서는 함께 나눔이다. 왜냐하면 나뉘어야 하는 것은 존재한다는 사실, 삶 자체이기 때문이다. 그리고 바로 이 대상 없는 나눔, 이 근원적인 함께-지각함이 정치를 구성하는 것이다.

어떻게 이 근원적이고 정치적인 함께-지각함이 시간이 흐르면서 합의가 되어버렸을까. 민주주의가 그 진화의 최종적이고, 극단적이며, 탈진한 국면 속에서 스스로의 운명을 송두리째 내맡겨버린 바로 그 합의 말이다. 흔한 말이지만 이것은 성찰하도록 남겨놓을 또 다른 이야기이다.

# 3. 동시대인이란 무엇인가?*

1. 내가 이 세미나의 문턱에 새기고 싶은 질문은 이렇다. "누구와 무엇과 우리는 동시대인인가? 그리고 무엇보다 동시대인이 된다는 것은 무슨 뜻인가?" 세미나를 하면서 우리는 우리로부터 수세기 떨어진 저자의 텍스트와 더 최근 혹은 최신의 텍스트를 읽을 기회가 있을 것이다. 좌우간 중요한 것은 어떤 식으로든 해당 텍스트와 동시대인이 되는 데 성공해야 한다는 것이다. 우리 세미나의 '시간'은 동시대성이며, 그런 만큼 우리는 텍스트, 그리고 그 텍스트에서 검토되는 저자들과 동시대인이 되기를 요청받는 것이다. 이 세미나

---

* 이 텍스트는 이탈리아의 베네치아건축학교(IUAV) 예술디자인학과에서 아감벤이 2006~2007년도에 진행한 '이론철학' (Filosofia Teoretica) 강의의 첫 번째 수업 내용이다.

의 가치나 결과는 이 세미나(그리고 우리)가 이 요청에 부응하는 정도에 따라 평가될 것이다.

[위 질문의] 답변을 찾아나갈 우리의 연구방향을 이끌어줄 잠정적인 첫 번째 표식은 프리드리히 니체에게서 온다. 콜레주드프랑스 강의의 준비노트에서 롤랑 바르트는 그 표식을 이렇게 요약한 바 있다. "동시대적인 것이란 반시대적인 것이다." 1874년 니체(당시까지 그리스 텍스트를 연구하던 이 젊은 문헌학자는 『비극의 탄생』으로 2년 전부터 하루아침에 유명해졌다)는 "때에 맞지 않는 성찰"Unzeitgemässe Betrachtungen, 요컨대 『반시대적 고찰』을 출간했다. 이 책으로 니체는 자신의 시대를 결산하고 현재에 대해 입장을 취하고 싶어 했다. 두 번째 '고찰'의 서론에는 이런 구절이 있다. "이 고찰이 반시대적인 것은 시대가 자랑스러워하는 역사적 교양을 내가 여기서 시대의 폐해로, 질병과 결함으로 이해하려 하기 때문이며, 또 심지어 나는 우리 모두가 소모적인 역사적 열병에 고통을 받고 있으며, 적어도 우리가 고통을 당한다는 사실을 인식해야 한다고 믿기 때문이다."[1] 니체는 이 고찰을 통해 '시대성/현실성'attualità에 대한 자신의 요구, 현재에 대한

자신의 '동시대성'을 어떤 단절, 어떤 시차sfasatura [2])에 위치시킨다. 참으로 자신의 시대에 속하는 자, 참으로 동시대인이란 자신의 시대와 완벽히 어울리지 않는 자, 자기 시대의 요구에 순응하지 않는 자, 그래서 이런 뜻에서 비시대적인/비현실적인inattual 자이다. 하지만 바로 이런 까닭에, 바로 이 간극과 시대착오 때문에 동시대인은 다른 이들보다 더 그의 시대를 지각하고 포착할 수 있다.

이 불일치, 이 시간의 어긋남은 동시대인이 다른 시간에 사는 자, 즉 자신에게 살라고 주어진 도시와 시간보다 페리클레스의 아테네나 로베스피에르와 사드 후작의 파리를 더 편안하게 느끼는 향수에 젖은 자임을 자연스레 뜻하지 않는다. 똑똑한 인간은 자신의 시대를 증오할 수는 있을지언정, 그래도 자신이 자신의 시대에 돌이킬 수 없이 속하며, 자신의 시대에서 벗어날 수 없다는 것을 알고 있다.

---

1) 프리드리히 니체, 이진우 옮김, 『비극의 탄생/반시대적 고찰』, 책세상, 2005, 288쪽.
2) 원래 '위상차'(位相差)라는 뜻이나 이 글이 (동)시대성에 대해 논하는 만큼 시간 개념을 집어넣어 '시차'(時差)로 옮겼다.

즉, 동시대성이란 거리를 두면서도 들러붙음으로써 자신의 시대와 맺는 독특한 관계이다. 더 정확히 말해, 그것은 **시차와 시대착오를 통해 시대에 들러붙음으로써 시대와 맺는 관계**이다. 시대와 너무 완전히 일치하는 자들, 모든 점에서 시대와 완벽히 어울리는 자들이 동시대인인 것이 아니다. 왜냐하면 바로 그런 까닭에 그런 자들은 시대를 보지 못하고, 시대에 보내는 시선을 고정할 수 없기 때문이다.

2. 1923년 오시프 만델슈탐은 「세기」(러시아어 베크$^{vek}$는 '시대'를 뜻하기도 한다)라는 제목의 시 한 편을 썼다.3) 이 시에는 세기에 대한 성찰이 아니라 시인과 시인이 살고 있는 시대의 관계, 즉 동시대성에 대한 성찰이 담겨 있다. '세기'가 아니라, 그 시의 첫 행을 여는 단어대로 '나의 세기'$^{vek\ moi}$이다.

---

3) 오시프 만델슈탐, 조주관 옮김, 「시대」, 『오늘은 불쾌한 날이다』, 열린책들, 1996; 조주관 엮음, 『러시아 시 강의』, 열린책들, 1993, 468~471쪽. 여기서는 아감벤의 표현을 따라 '시대'를 모두 '세기'로 일괄 수정했다. 만델슈탐의 시 역시 아감벤이 쓰고 있는 이탈리아어판에 맞춰 수정했다.

나의 세기, 나의 야수여

누가 너의 동공을 바라보고

두 세기의 척추를 자신의 피로

접합할 수 있을까?


자신의 삶[목숨]을 자신의 동시대성에 대가로 지불해야 했던 시인은 자신의 세기-야수의 동공에 시선을 고정하고, 자신의 피로 시대의 부서진 등을 접합해야 하는 자이다. 두 세기 혹은 두 시대란 누군가가 제안하듯이 19세기와 20세기만이 아니라,[4] 또한 그리고 무엇보다 한 개인의 일생(라틴어 사이쿨룸saeculum은 본디 삶의 시간을 뜻한다는 것을 기억하라)과 집단적 역사의 시간이다. 이 경우에 우리는 그것을 20세기라고 부를 수 있을 것인데, 그 시 마지막 절에서 알게 되듯이 그 세기의 등은 부서졌다. 동시대인으로서 시인은 이 골절이다. 동시대인으로서의 시인은 시간이 다시 모이는 것을 막는 자이며, 동시에 자신의 피로써 그 째진

---

[4] 프랑스어판에 따르면 이렇게 제안한 인물은 알랭 바디우이다. 알랭 바디우, 박정태 옮김, 『세기』, 이학사, 2014, 40~50쪽.

곳을 봉합해야 한다. 생물의 시간(그리고 척추)과 세기의 시간(그리고 척추) 사이의 평행이 이 시의 중심 테마 중 하나를 이룬다.

    살아 있는 한 생물은
    끝까지 척추를 지고 가야 한다.
    물결은 보이지 않는
    척추를 가지고 놀고 있다.
    마치 아이의 부드러운 연골이
    대지의 이제 막 태어난 세기인 것처럼.

다른 주요 테마(이것 역시 이전과 마찬가지로 동시대성의 이미지이다)는 세기의 부서진 척추, 그리고 그것의 접합이라는 테마이다. 이는 개인(이 경우에는 시인)이 할 일이다.

    포로가 된 이 세기를 해방시키고,
    새로운 세상을 시작하기 위하여,
    매듭지어진 날들의 마디마디를
    플루트로 이어야 한다.

시를 끝맺는 다음 절에서 [그것이] 실행할 수 없거나, 어쨌든 역설적인 과제로 밝혀진다는 점이 중요하다. 시대-야수의 척추는 부서졌다. 그뿐만 아니라 이제 막 태어난 베크, 즉 세기는 척추가 끊어진 자가 하기엔 불가능한 몸짓으로 뒤로 몸을 돌려, 자신의 흔적을 되돌아보려고 한다. 그리고 그런 식으로 자신의 정신 나간 얼굴을 드러낸다.

> 너의 척추는 부서졌노라,
> 내 아름다운 가련한 세기여.
> 얼빠진 미소 지으며
> 한때 유연했던 야수처럼
> 잔인하고 나약하게 몸을 돌려
> 네 흔적을 되돌아본다.

3. 시인(동시대인)은 자신의 시대에 시선을 고정해야 한다. 하지만 자신의 시대를 보는 자, 자기 세기의 정신 나간 미소를 보는 자는 무엇을 보는가? 나는 여기서 동시대성에 대한 두 번째 정의를 제안하고 싶다. 동시대인이란 자신의 시대에 시선을 고정함으로써 빛이

아니라 어둠을 지각하는 자이다. 모든 시대는 그 동시대성을 체험하는 자들에게는 어둡다. 따라서 동시대인이란 이 어둠을 볼 줄 아는 자, 현재의 암흑에 펜을 적셔 글을 써내려갈 수 있는 자이다. 하지만 '암흑을 본다는 것,' '어둠을 지각한다는 것'은 무슨 뜻인가?

시각에 관한 신경생리학이 우리에게 그 첫 번째 대답을 제시한다. 우리가 빛이 없는 환경에 놓일 때 혹은 우리가 눈을 감을 때 무슨 일이 벌어지는가? 우리가 보는 어둠은 무엇이란 말인가? 신경생리학자들은 빛의 부재가 망막 주변부, 정확히 오프셀off-cells이라고 부르는 일련의 세포를 활성화시킨다고 설명한다. 그 세포들이 활동하면 우리가 어둠이라고 부르는 특수한 종류의 시각상을 만들어낸다. 따라서 어둠은 결여를 나타내는 개념, 빛의 단순 부재, 비시각 같은 무언가가 아니라 오프셀이 활동한 결과, 즉 우리 망막의 산물이다. 이제 동시대성의 어둠에 대한 우리의 테제로 돌아오자. 위에서 말한 사실은 다음을 뜻한다. 이 어둠을 지각한다는 것은 관성이나 수동성의 형태가 아니다. 그것은 특수한 활동이자 능력을 함축하는 바, 이 경우에는 시대에서 유래하는 빛을 중화시킴으로써 결국 그 시대의 암흑을 발견하는 것과 마찬가지이다. 그렇다고 해서 시대의 암흑, 시대의 특별한 어둠이 시대의 빛과 분리될 수 있는 것은 아니다.[5]

세기의 빛에 눈멀지 않고 그 속에서 그림자의 몫, 그 내밀한 어둠을 식별할 수 있는 자만이 동시대인이라고 말할 수 있다. 이래도 나는 아직 우리가 던진 질문에 답하지는 못했다. 시대에서 유래하는 암흑을 지각할 수 있어야 한다는 사실에 왜 우리가 관심을 가져야 할까? 어쩌면 어둠은 익명의, 그리고 정의상 꿰뚫을 수 없는 경험이 아닐까? 어둠은 우리를 향하지 않는 것, 그리하여 우리와 관계없는 어떤 것이 아닐까? 반대로 동시대인이란 자기 시대의 어둠을 자신과 관계있는 어떤 것, 자신을 끊임없이 호명하는 어떤 것, 그 어떤 빛보다도 더 자기 쪽으로 직접, 그리고 독특하게 돌아서는 어떤 것으로 지각한다. 동시대인이란

---

[5] 1987년 11월 리스본에서 행한 강연 「사유의 역량」에서 아감벤은 아리스토텔레스의 『영혼론』과 『형이상학』을 분석하며 어둠, 암흑 속에서 작동하는 (시각의) 역량, '(보지) 않음의 역량'이라는 주제를 다룬 바도 있다. 조르조 아감벤, 김상운·양창렬 옮김, 『사유의 역량』, 도서출판 길, 근간.

자신의 시대에서 유래하는 암흑의 빛줄기를 온 얼굴로 받는 자이다.

4. 밤하늘을 바라볼 때 반짝이는 별들은 짙은 암흑에 싸여 있다. 우주에 무한한 수만큼의 성운과 빛나는 물체가 있는 이상, 우리가 하늘에서 보는 어둠은 과학자들에 따르면 설명이 필요한 어떤 것이다. 바로 현대 천체물리학이 이 어둠에 대해 내놓는 설명을 나는 지금 여러분에게 말하고 싶다. 팽창하고 있는 우주에서 가장 멀리 떨어진 성운은 그 빛이 우리에게 도달할 수 없을 만큼 빠른 속도로 우리에게서 멀어진다. 우리가 하늘의 어둠이라고 지각하는 것은 바로 이 빛이다. 전속력으로 우리를 향해 여행하지만 그래도 빛을 내는 성운이 빛의 속도보다 빠르게 멀어지기 때문에 우리에게 도달할 수 없는 그 빛 말이다.

현재의 어둠 속에서 우리에게 도달하려 애쓰지만 그럴 수 없는 이 빛을 지각하는 것, 이것이 바로 동시대인이 된다는 것의 의미이다. 그렇기 때문에 동시대인은 드물다. 또한 그렇기 때문에 동시대인이 된다는 것은 무엇보다 용기의 문제이다. 왜냐하면 동시대인이 된다는 것은 시대의 어둠에 시선을 고정할 수 있다는 것뿐 아니라 이 어둠 속에서 우리를 향하지만 우리에게서 무한히 멀어지는 빛을 지각할 수 있다는 것을 뜻하기 때문이다. 다시 말해 그것은 펑크 낼 수밖에 없는 약속시간을 지키는 것을 뜻한다.

그래서 동시대성이 지각하는 현재는 척추가 끊어져 있다. 사실 우리의 시대, 현재는 가장 멀리 떨어져 있는 것만이 아니다. 어찌해도 현재는 우리에게 도달할 수 없기까지 하다. 현재의 등은 부서졌고, 우리는 정확히 골절 지점에 달라붙어 있다. 그렇기에 우리는 어쨌든 [현재와] 동시대인이다. 동시대성에서 문제가 되는 약속이 그저 연대기적 시간에 위치하는 것은 아니라는 점을 잘 이해하라. 그 약속은 연대기적 시간 속에서 그것을 안으로부터 재촉하고 변형하는 어떤 것이다. 그리고 바로 이 긴급함, 즉 반시대성, 시대착오 덕분에 우리는 '너무 늦은' 형태이자 '너무 이른' 형태로, '아직 아닌' 형태이자 '이미'의 형태로 우리의 시대를 포착할 수 있다. 그리고 이와 동시에 현재의 암흑 속에서 결코 우리에게 도달할 수는 없지만 영속적으로 우리를 향해 여행하고 있는 빛을 알아볼 수 있다.

5. 유행/패션은 우리가 동시대성이라고 부르는 시간에 대한 이 특별한 경험의 좋은 예이다.6) 유행은 시간 속에 특수한 불연속성을 도입한다는 점, 그 시간을 시대성이나 비시대성으로, 아니면 유행하고 있음이나 더는-유행하는-것이-아님(**유행하는**alla moda이란 말은 단지 사물에 대해서만 사용되는 표현인 **유행품의**di moda가 아니다)으로 분할한다는 점으로 정의된다. 이 휴지기는 아무리 미세하다 하더라도 뚜렷하다. 그 휴지기를 지각해야 하는 사람들이 그것을 틀림없이 지각하며, 그런 식으로 그들 자신이 유행하고 있음을 입증한다는 의미에서 말이다. 하지만 만일 우리가 그 휴지기를 연대기적 시간 속에 객관화하거나 고정한다면, 그 휴지기는 포착할 수 없는 것으로 드러날 것이다. 무엇보다

---

6) 아감벤은 『사물의 표시』에 수록된 「표시론」에서 유행/패션이 '서명,' 즉 기호나 지시대상이 아니라 기호, 문장, 명제 등을 이해가능하게 만들어주는 것 또는 (언어활동이) 단적으로 존재한다는 사실의 차원에서 사물들에 표식을 만드는 것(아감벤은 '존재,' '언표' 등을 예로 든다)의 특권적인 영역이라고 주장한다. 조르조 아감벤, 양창렬 옮김, 『사물의 표시: 방법에 관하여』, 도서출판 난장, 2014, 107~110쪽. 본문은 「표시론」에서 제시한 설명을 보충하고 있다.

도 유행의 '지금,' 유행이 막 시작된 순간은 어떤 정밀 시계로도 식별할 수 없다. 이 '지금'은 아마 스타일리스트가 새로운 의류 경향을 정의하게 될 컨셉, 뉘앙스nuance를 고안하는 순간일까? 아니면 스타일리스트가 그 컨셉을 디자이너에게 넘기고, 이어서 원형[프로토타입]을 제작할 재단사에게 맡길 때일까? 그도 아니면 항상 그리고 오로지 유행하고 있는 유일한 사람들, 그렇지만 바로 그런 까닭에 결코 진정으로 유행하고 있지 않은 사람들, 즉 모델들mannequins이 옷을 입어보는 패션쇼의 순간일까? 그러므로 결국 '경향'이나 '방식'의 유행하고 있음은 모델들(얼굴 없는 신에게 바치는 제물들)과는 달리 살과 뼈를 가진 사람들이 유행하고 있음을 유행으로 알아보고 자기도 옷을 그렇게 입는 사실에 달려 있다.

따라서 유행의 시간은 구성적으로 그 자신에 앞서고, 바로 이 까닭에 또한 늘 늦는다. 유행의 시간은 늘 '아직 아님'과 '더 이상 아님' 사이의 포착할 수 없는 문턱의 형태를 띤다. 신학자들이 시사하듯이, 이는 적어도 우리 문화에서 유행이란 옷의 신학적 서명[표시]이라는 사실에서 기인할 수 있다. 이 서명은 아담과 이브가 원죄를 짓고 나서 무화과 나뭇잎을 엮어 허리옷 형태로 최초의 옷을 만들었던 정황에서 기인한다(정확히 말하면, 우리가 입는 옷은 식물로 만든 이 허리옷에서 기인한 것이 아니라, 가죽 튜닉$^{\text{tunicae pellicae}}$에서 기인한다. 창세기 3장 21절에 따르면, 그것은 신이 우리 조상들을 낙원에서 쫓아낼 때 원죄와 죽음의 명백한 상징으로서 입힌 동물가죽 옷을 말한다). 좌우간 이유야 어쨌든 '지금,' 유행의 카이로스[適期]$^{\text{kairos}}$는 포착할 수 없다. "이 순간, 나는 유행하는 중이다"라는 문장은 모순인데, 왜냐하면 주체가 그렇게 말하는 순간 그는 이미 유행에 뒤지기 때문이다. 그래서 유행하고 있음은 동시대성처럼 어떤 '여유,' 어떤 시차를 함축하고 있는바, 바로 그것들을 통해 유행의 시대성은 그 자체 안에 작은 몫이나마 그것의 바깥을 **마치 유행에 뒤진** 음영마냥 간직하고 있다. 19세기 파리 사람들은 그런 의미로 우아한 마담을 두고 "그녀는 모든 이와 동시대인이다"$^{\text{Elle est contemporaine de tout le monde}}$라고 말하곤 했다.

그러나 유행의 시간성에는 동시대성과 관련된 또 다른 특성이 있다. 현재가 시간을 '더 이상 아님'과 '아직 아님'으로 분할하는 것과 동일한 몸짓으로 유행의 시간성은 이 '다른 시간들'과 (틀림없이 과거와, 그리고 어쩌면 또한 미래와) 특수한 관계를 수립한다. 즉, 그것은 과거의(1920년대, 1970년대, 또한 제국풍이나 신고전주의풍) 임의의 한 순간을 '인용하고,' 이런 식으로 현대화할 수 있다. 그러므로 유행의 시간성은 그것이 가차 없이 분할했던 것을 관련짓고, 죽었다고 선언했던 것을 데려오고, 다시 부르고, 되살릴 수 있다.

6. 과거와 맺는 이 특별한 관계에는 다른 측면이 있기도 하다.

사실 동시대성은 현재를 무엇보다 의고적인 것이라고 지적하면서 스스로를 그 현재에 등록한다. 그리고 가장 근대적이고 최근의 것들 속에서 의고성의 지표나 서명[표시]을 지각하는 자만이 동시대인일 수 있다. 의고적이라는 말은 **아르케**, 다시 말해서 기원과 가깝다는 것을 뜻한다. 하지만 기원은 그저 연대기상의 과거에만 위치하는 것은 아니다. 그것은 역사적 생성과 동시대적이며, 쉬지 않고 그것에 작동한다. 이는 마치 배胚가 성체 조직 속에서도 계속 작용하고, 아이가 성인의 정신생활 속에서도 계속 작용하는 것과 마찬가지이다. 동시대성을 정의하는 간극(동시에 인접)의 토대는 기원과의 이 근접에 있다. 기원은 그 어느 곳에서보다 현재에서 더 강하게 고동친다. 새벽에 바다를 건너오면서 처음으로 뉴욕의 마천루를 본 사람은 현재가 보여주는 이 의고적인 **면모**facies, 9·11사건의 비시간적 이미지가 모두에게 분명하게 보여준 [현재와] 폐허의 이 이웃함을 곧바로 지각했다.

문학·예술사가들은 의고적인 것과 근대적인 것 사이에 비밀 약속이 있다는 것을 알고 있다. 가장 의고적인 형태가 현재를 특별히 매혹시키는 듯 보이기 때문일 뿐 아니라, 특히 근대의 열쇠가 태곳적에, 선사시대에 숨겨져 있기 때문이다. 그래서 쇠퇴기에 접어든 고대세계는 자신을 되찾고자 시초로 고개를 돌린다. 시간 속에서 길을 헤매던 아방가르드는 원시적이고 의고적인 것을 추구한다. 이런 뜻에서 우리는 현재에 접근하는 길이 반드시 고고학의 형태를 띤다고 말할 수 있다. 고고학은 우리를 머나먼 과거로 거슬러 올라가게 만드는 것이 아니라 우리가 어떤 경우에도 현재 속에서 체험할 수 없는 것으로 거슬러 올라가게 만든다. 체험되지 않은 채 남아 있는 그것은 결코 도달하지 못하면서도 바로 그 기원에 쉬지 않고 들러붙어 있다. 현재는 체험된 모든 것 속에 남아 있는 체험되지 않은 몫과 다르지 않다. 어떤 이유로(그것의 트라우마 같은 성격 때문이거나, 너무 인접해 있다는 이유로) 우리가 현재 속에서 체험하는 데 성공하지 못한 많은 것이 바로 현재에 접근하는 것을 막는다. 이 체험되지 않은 것에 주의를 기울이는 것이 동시대인의 삶이다. 이런 뜻에서 동시대인이 된다는 것은 우리가 결코 있어보지 못한 현재로 되돌아가는 것을 뜻한다.[7]

---

[7] 아감벤은 '고고학'과 '동시대성'의 문제를 『사물의 표시』에 수록된 「철학적 고고학」에서 보다 자세히 다룬다. 우리가 무언가를 지각할 때 우리는 어떤 것은 기억하지만 어떤 것은 잊어버린다. 즉, 모든 현재(지각의 순간)에는 체험되지 않은 것(잊혀진 것)의 몫이 포함되어 있다. 그것은 체험되지 않은 채 트라우마처럼 우리와 늘 함께 한다는 점에서 우리의 삶과 지나치게 근접해 있다. 고고학이나 정신분석학은 이 체험되지 않았지만 언제나 현재적인 것으로 남아 있는 과거에 접근하려고 애쓴다. 이를 위해서는 추억과 망각, 체험된 것과 체험되지 않은 것이 서로 교통하면서 분리되는 균열 지짐(비식별역, 시대의 척추)에 도달해야 한다는 것이 아감벤의 생각이다. "동시성, 현재와 함께-현존함은 살아보지 않은 것에 대한 경험과 망각에 대한 추억을 함축하는 한 드물고 어렵다. 그리고 추억['더 이상 아님']과 망각['아직 아님'] 너머로 거슬러 올라가는

7. 동시대성을 사유하려고 했던 사람들은 동시대성을 여러 시간들로 쪼개고, 그 시간에 본질적인 이질발생성을 도입하는 한에서만 그렇게 할 수 있었다. 그런 사람은 이렇게 말할 수 있다. '**나의** 시간'은 시간을 분할하고 그 안에 어떤 휴지기와 불연속을 새겨 넣는다. 어쨌든 바로 이 휴지기를 통해, 즉 선형적인 시간의 관성적인 동질성 안에 현재를 가필함으로써 동시대인은 시간들 사이에 특별한 관계를 작동시킨다. 우리가 봤듯이 만일 동시대인이 그의 시대의 척추를 부셨다면 (어쨌든 균열이나 금간 지점을 지각했다면), 바로 그가 이 골절을 시간들 사이의, 세대들 사이의 약속과 만남의 장소로 만든다. 이런 뜻에서 사도 바울의 몸짓보다 더 나은 본보기는 없다. 바울은 동시대성 중의 동시대성인 메시아의 시간, 메시아가 동시대에 있음, 즉 그가 정확하게 '지금-의-시간'$^{ho\ nyn\ kairos}$이라고 부른 것을 경험하고 그의 형제들에게 알린다. 이 [메시아의] 시간은 연대기적으로 결정되어 있지 않을 뿐만 아니

---

고고학은 현재['지금-의-시간']에 접근하는 유일한 길이다."
아감벤, 『사물의 표시』, 148~152쪽.

라(파루시아parousia, 즉 종말을 서명하는 예수 그리스도의 재림은 확실하고 임박했지만, [그것이 언제인지는] 헤아릴 수 없다), 과거의 모든 순간과 그 시간을 관련짓고 성경 이야기의 모든 계기와 에피소드를 현재에 대한 예언이나 전조(바울은 튀포스typos, 즉 형상이라는 용어를 선호했다)로 만드는 독특한 능력을 가지고 있다(그렇기 때문에 인류가 죽음과 원죄를 받게 만든 아담은 인간에게 구원과 생명을 가져다주는 메시아의 '유형' 혹은 형상이다).

이것은 다음을 뜻한다. 동시대인이란 현재의 어둠을 지각함으로써 끝에 이를 수 없는[우리에게 도달할 수 없는] 빛을 포착하는 자인 것만은 아니다. 동시대인이란 시간을 분할하고 가필함으로써 시간을 변형할 수 있고, 또 그것을 다른 시간과 관련지을 수 있으며, 역사를 미증유의 방식으로 읽을 수 있고, 그것을 필연에 따라 '인용할' 수 있는 자이기도 하다. 여기에서 필연은 절대로 그의 자의성에서 비롯되는 것이 아니라 그가 대답하지 않을 수 없는 요청에서 비롯한다. 이는 마치 현재의 어둠인 이 눈에 보이지 않는 빛이 과거로 자신의 그림자를 투사하는 것과 같다. 그림자 빔을 맞은 과거는 지금의 암흑에 대답할 수 있는 능력을 획득하게 된다. 미셸 푸코가 과거에 대한 자신의 역사적 탐구를 현재에 대한 자신의 이론적 물음이 드리운 그림자일 뿐이라고 적었을 때 그가 염두에 둔 것은 바로 이런 종류의 어떤 것이었을 것이다. 그리고 발터 벤야민이 과거의 이미지들에 포함된 역사적 지표가 그 역사의 정해진 순간에만 읽힐 수 있음을 보여준다고 적었을 때 그가 염두에 둔 것은 바로 이런 종류의 어떤 것이었을 것이다. 우리 세미나가 성공하느냐 실패하느냐는 바로 이 요청, 이 그림자에 귀를 기울일 수 있는 우리의 능력, 우리의 세기와 '지금'뿐만 아니라 과거의 텍스트와 문서 속에 있는 그것들의 형상과 동시대인이 될 수 있는 우리의 능력에 달려 있다.

# CRITIQUE
## Yang Chang-Yol

장치학을 위한 서론

# 장치학을 위한 서론

미숙에게

1. 장치란 무엇인가? 장치의 사전적 의미는 "어떤 목적에 따라 기능하도록 기계, 도구 따위를 그 장소에 장착함"이다. 그래서 '장치'는 각종 기계에 붙기도 하고 제도에 붙기도 한다. 제어장치, 도청장치, 보호장치, 제거장치, 발생장치, 영사장치, 충전장치 등 산업·공학 분야에서 장치는 '디바이스'device나 '이큅먼트'equipment의 번역어로 쓰인다. 앞서 쓰인 장치라는 말은 '기'機로 바꿔도 무방하다. 하지만 이 글에서 문제가 되는 '장치'는 구체적인 기계나 도구에 한정되지 않는다. 오늘날 장치는 법·정치적 규약이나 서식, 군사조직, 제도나 법령은 물론이거니와 연극무대, 영화메커니즘, 설치미술 등에 이르기까지 두루 사용된다. 그리고 적어도 프랑스의 인문사회과학 분야에서 유행처럼 쓰이고

있는 장치dsipositif라는 단어를 의미 있게 사용하기 시작한 학자는 푸코이다.[1]

푸코의 '장치'에 주목한 선구적 텍스트는 질 들뢰즈의 「장치란 무엇인가?」(1988)[2]이다. 들뢰즈는 푸코의 장치가 '가시성의 곡선,' '언표행위의 곡선,' '힘의 선,' '주체화의 선' 같은 이질적인 선들의 실타래 또는

---

[1] 프랑스 인문사회과학계에서 사용되는 장치라는 단어의 쓰임과 관련해서는 "장치: 사용법과 개념 사이"(Le dispositif: Entre usage et concept)라는 주제로 꾸며진 다음 잡지의 특집호를 참조하라. *Hermès*, n°25, coordonné par Geneviève Jacquinot-Delaunay et Laurence Monnoyer, Paris: CNRS, 1999. 최근 연구로는 "장치"(Dispositifs)라는 주제로 특집호를 꾸민 다음의 잡지를 참조할 것. *Terrains & Travaux*, n°11, Cachan: ENS Ca-chan, 2006. 이 잡지에 수록된 연구 대상(안전장치, 감시장치, 의료장치, 하청장치 등)을 통해 '장치'라는 단어가 여러 분야에 사용되고 있음을 확인할 수 있다. '디스포지티프'(dispositif)라는 단어는 유독 프랑스 학계에서 많이 쓰이며, 영미권에서는 그 단어를 여러 가지(dispositif, apparatus, device, arrangement, socio-technical system, setup, mechanism)로 옮기고 있다. 이것은 디스포지티프라는 단어 자체가 이질적인 요소들의 느슨한 집합임을 보여준다. 사회과학에서 디스포지티프는 '구조' 또는 '시스템'이라는 경직된 개념을 대체하기 위해 사용되는 것으로 보인다.

[2] 질 들뢰즈, 박정태 옮김, 「장치란 무엇인가?」, 『들뢰즈가 만든 철학사』, 이학사, 2007.

다선형이라고 주장한다. 그리고 이 선들은 서로 균열, 간극, 단층을 이룬다. 들뢰즈의 장치 분석은 푸코의 철학 전체를 장치에 대한 분석이라는 틀로 설명하기 위한 기획이었다. 들뢰즈는 푸코의 철학을 구성하는 선들이 어떤 위기 속에서 끊임없이 이동해갔는지를 한 편의 지도처럼 제작해낸다.

또 하나의 「장치란 무엇인가?」(2006)에서 아감벤은 들뢰즈의 글을 짐짓 모르는 체하며 자신의 독자적인 길을 간다. 지질학자 또는 지리학자 들뢰즈에 계보학자 아감벤이 맞선다. 아감벤은 푸코의 장치가 어디에서 유래한 것인지를 추적한다. 그리하여 아감벤은 푸코의 철학적 스승인 장 이폴리트의 헤겔 연구서, 그리고 헤겔의 실정성Positivität/實定性 개념 속에서 푸코가 말한 장치의 뿌리를 찾아낸다.

들뢰즈는 "푸코의 철학이 구체적인 장치에 대한 분석으로 제시될 수 있다"고 말했고, 아감벤은 "푸코가 장치에 대한 명확한 정의를 내리지 않는다"고 말했다. 이처럼 상이한 두 평가는 "장치란 무엇인가?"라는 똑같은 제목을 달고 출간된 두 글이 선택하는 서로 다른 길을 보여준다. 한쪽은 장치에 대한 '정의'의 부재를 전혀 문제 삼지 않은 채 푸코의 철학 전체를 조망하며 장치의 '사용법'을 쫓아간다. 이와 달리 다른 한쪽에서는 정의의 '부재'로 인해 아무데나 쓰이는 장치[3]라는 단어의 근원을 되찾아줌으로써 장치에 '개념'으로서의 시민권을 쥐어주려 한다.

2. 「그리스도교의 실정성」은 헤겔 사후 헤르만 놀에 의해 처음 출간됐다.[4] 30장으로 된 수고의 첫 장이 없어진 바람에 헤겔이 붙인 제목은 알 수 없고, 다만 학자들 사이에 지금의 제목이 널리 받아들여지고 있다. 헤겔은 1795년 11월 2일과 1796년 4월 29일 두 차례

---

3) 『감시와 처벌』(1975)의 규율장치, 판옵티콘이라는 건축장치, 권력장치, 지식-권력장치, 주권장치, 주민관리 장치, 보건정책 장치, 『앎의 의지』(1976)의 성장치, 『주체의 해석학』(1981~82)의 진리장치와 주체성의 장치 등.

4) Georg Wilhelm Friedrich Hegel, *Hegels theologische Jugend-schriften*, hrsg. Herman Nohl, Tübingen: J. C. B. Mohr, 1907, pp.152~213. 헤겔이 「그리스도교의 실정성」에 해당하는 수고를 작성할 당시의 배경설명, 그리고 이 수고를 둘러싼 편집과정과 관련해서는 다음을 참조하라. Guy Planty-Bonjour, "Introduction," in G. W. F. Hegel, *La positivité de la religion chrétienne*, Paris: PUF, 1983, pp.7~26.

에 걸쳐 「그리스도교의 실정성」을 작성했고, 1800년 9월 24일 '실정성'에 대한 규정을 좀더 세밀하게 정리해 개정판을 썼다. 아감벤, 그리고 그가 기대고 있는 이폴리트는 이 개정판을 주로 참조한다.

헤겔은 「그리스도교의 실정성」 개정판 서두를 다음과 같이 열고 있다.

종교의 실정성 개념은 최근에야 비로소 관심의 대상이 됐고 중요한 문제로 부각됐다. 실정종교는 자연종교에 대립된다. 이 말은 다음의 사실을 전제한다. 인간의 본성은 단 하나이기 때문에 자연종교는 단 하나 존재한다는 것, 그리고 이에 반해 실정종교는 다양한 종류로 존재할 수 있다는 것을 전제한다. 이런 비교로부터 실정종교는 이미 반(反)자연적인, 또는 초자연적인 종교로 드러났다. 왜냐하면 이 종교는 오성과 이성과는 관계없는 개념과 인식으로 채워져 있으며, 인간에게 자연스럽지 않은 감정과 행위를 요구하기 때문이다. 실정종교에서 감정은 강제적인, 그리고 기계적인 자극에 의해 발생하며, 행위는 명령에 따른, 혹은 자발성이 전혀 없는 복종에 불과하게 된다.[5]

여기서 헤겔은 인간의 본성(오성, 이성)이 단 하나이므로 그에 기초한 자연종교도 단 하나인 반면, 실정종교는 우연성, 선입견, 오류, 미신 등에 기초한 것으로서 여럿이라고 주장한다. 실정성이란 바깥에서 이성에 강제로 주어진 것으로서 보편적인 것이 아니라 역사적인 것이다. 이를 보여주기 위해 헤겔은 「그리스도교의 실정성」에서 어떻게 예수의 가르침이 제도적 장치로서의 그리스도교로 변해갔는지를 묘사한다. 헤겔에게 문제가 되는 것은 이성과 역사의 관계, 비이성적인 것과 이성적인 것의 관계, 강제와 자유의 관계 등이다.6) 이성과 신앙, 자유와 강제, 자율과 타율을 대립시킨다는 점에서 이 당시의 헤겔은 칸트적인 계몽주의의 영향 아래 있었다고 할 수 있다.7)

아감벤은 헤겔의 실정성을 '외부 권력'에 의해 개인들('생명체들')에게 부과됐으나 신앙과 감정의 체계

---

5) G. W. F. 헤겔, 정대성 옮김, 『청년 헤겔의 신학론집』, 인간사랑, 2005, 386쪽.

6) Jean Hyppolite, *Introduction à la philosophie de l'histoire de Hegel*(1948), Paris: Seuil, 1983, p.43.

7) Planty-Bonjour, "Introduction," pp.14~15.

로 '내화'된 '역사적 요소들'이라고 설명한다. 이폴리트가 푸코의 어릴 적 스승이었으므로 '장치' 개념 형성에 영향을 주었을 것이라는 추측성 제안은 차치하고라도 아감벤이 읽어낸 헤겔의 실정성은 '역사적 제도'를 가리키는 너무 헐거운 개념이다. 헤겔의 실정성과 푸코의 실증성을 이어주는 고리는 어원상 가깝다는 것밖에 없다. 반대로 푸코에게 실증성positivité은 전문용어로서 한정된 의미를 갖고 있다. 실증성은 "담론들의 단일성을 식별할 수 있게 해주는 체계, 대상, 정식화 유형, 개념, 언표 속에서 작동된 의견들을 지배하는 체계"[8]이다. 다시 말해 대상, 언표행위 유형, 개념, 전략(이 요소들은 분산되어 있다)이 담론적 실천에 의해 규칙적인 방식으로 형성될 때 하나의 (과학적) 담론이 성립되는데, 이 담론적 실천에 규칙을 부여하고 한정하는 것이 바로 실증성이다.[9]

---

8) Michel Foucault, "Réponse au Cercle d'épistémologie"(1968), *Dits et Écrits (DÉ)*, t.1: 1954-1969, éd. Daniel Defert et Fran-çois Ewald, avec collab. Jacques Lagrange, Paris: Gallimard, 1994, pp.719, 723; 미셸 푸코, 이정우 옮김, 『지식의 고고학』, 민음사, 2000, 182쪽.
9) 푸코, 『지식의 고고학』, 252쪽

장치의 '역사성'을 강조하고 싶었던 것이라면 아감벤은 실증성이 아니라 '역사적 선험'에 주목했어야 한다.10) '역사적 선험'11)이란 "언표될 수 있는 것과 언표될 수 없는 것 사이의 나눔과 이어져 있는, 가시적

---

10) 아감벤은 『사물의 표시』에서 '역사적 선험'에 대해 언급한다. 조르조 아감벤, 양창렬 옮김, 『사물의 표시: 방법에 관하여』, 도서출판 난장, 2014, 137~140쪽. 그러나 역사적 선험과 '장치'의 연관성을 언급하지 않고, 오로지 어떻게 '선험'이 역사적으로 출현하고 존재할 수 있는가라는 역설만을 던진다. 하지만 아래에서 보듯이 푸코는 아감벤처럼 선험과 역사를 구분하고 그 둘의 관계를 묻는 것이 아니라 선험 자체가 역사적이고 경험적인 것이라고 본다.
11) 푸코의 '역사적 선험' 개념에 대한 연구로는 다음을 참조하라. Béatrice Han, *L'ontologie manquée de Michel Foucault: Entre l'historique et le transcendantal*, Grenoble: Editions Jérôme Millon, 1998. 특히 2장 참조. 저자는 고고학 시기의 세 저작(『임상의학의 탄생』, 『말과 사물』, 『지식의 고고학』)에서 '역사적 선험'이라는 단어가 일의적 의미로 사용되지 않는다고 주장한다. 하지만 '역사적 선험' 자체에 대한 서지학적 분석은 본 글의 주제를 넘어서며, 우리는 그 개념에 일관되게 흐르는 문제들에 더 주목하고자 한다. 한 가지 덧붙일 것은 푸코가 파리 고등사범학교에서 쓴 석사논문 제목이 「헤겔의 《정신현상학》에서의 역사적 초월의 구성」(La constitution d'un transcendantal historique dans la *Phénoménologie de l'esprit* de Hegel)이었다는 사실이다. 그 내용을 알 수는 없으나 '역사적 초월'이라는 표현은 이후의 작업을 예비하는 듯 보인다.

인 것과 비가시적인 것의 근원적인 분배"[12]이며, "임상의학의 역사적 가능성과 더불어 그것의 경험 영역과 그것의 합리성의 구조를 정의하는 조건들"[13]이다. 또한 그것은 "사상이 출현하고 과학이 구성되고 경험이 철학에 반영되고 합리성이 형성"되기 위한 바탕이다.[14] '역사'와 '선험'이라는 다소 황당하고 야만스러운 조합은 "언표들을 위한 현실성의 조건이다. 여기에서 문제가 되는 것은 한 주장을 합법적으로 만들 수 있는 것을 찾아내는 것이 아니라 언표들의 출현의 조건, 그들의 공존의 법칙, 그들의 존재양식의 특이한 형태, 그들을 존속·변환·분산시키는 원리를 식별해내는 것이다. 그것은 결코 말해지지 않을, 경험에 현실적으로 주어질 역사의 선험(왜냐하면 그것은 현실적으로 말해진 것들의 선험이기 때문이다)"[15]이다.

---

12) 미셸 푸코, 홍성민 옮김, 『임상의학의 탄생: 의학적 시선의 고고학』, 이매진, 2006, 17쪽.
13) 푸코, 『임상의학의 탄생』, 22쪽.
14) 미셸 푸코, 이규현 옮김, 『말과 사물』, 민음사, 2012, 17쪽. [한국어판에는 부제인 "인간과학의 고고학"이 빠져 있다.]
15) 푸코, 『지식의 고고학』, 184쪽.

푸코의 '역사적 선험' 개념은 경험의 가능성의 조건들을 규정한다는 점에서 임마누엘 칸트의 '선험' 또는 '범주' 개념과 유사해 보이며, 무엇보다 에드문트 후설의 「기하학의 기원」(1936)에 나오는 '역사의 보편적인 역사적 선험'과 가까워 보인다.16) 그렇지만 푸코는 이탈리아의 역사철학자 줄리오 프레티와의 인터뷰에서 칸트나 후설과 거리를 두며 "나는 연구하는 내내 모든 인식의 가능성의 조건일 수 있는 이 선험에 대한

---

16) 푸코의 '역사적 선험'이 후설의 개념에서 영향받은 것이라는 사실은 학자들 사이에 널리 인정되고 있다. Gérard Lebrun, "Note sur la phénoménologie dans *Les mots et les choses*," *Michel Foucault philosophe: Rencontre internationale Paris 9, 10, 11 janvier 1988*, Paris: Seuil, 1989, pp.33~53; Han, *L'ontologie manquée de Michel Foucault*, pp.110~112; Jean-François Courtine, "Foucault lecteur de Husserl l'a priori historique et le quasi-transcendantal," *Giornale di metafisica*, vol.29, no.1, 2007, pp.211~232; Thomas Bolmain, "Foucault lecteur de Husserl: Articuler une rencontre," *Bulletin d'analyse phénoménologique*, vol.4, no.3, 2008, pp.202~238. 또한 파리 고등사범학교 시절 푸코는 모리스 메를로-퐁티의 소르본 강연을 열심히 들었는데, 1951~52년 강의에서 메를로-퐁티는 후설의 이론을 다루기도 했다. 푸코의 평전 역시 초기 푸코가 현상학을 깊이 연구했음을 보여준다. 디디에 에리봉, 박정자 옮김, 『미셸 푸코, 1926~1984』, 그린비, 2012.

그 어떤 참조도 피하려고 애쓴다"17)고 대답한다. 푸코는 선험을 최소화하고 역사를 최대화하려 했다. 푸코가 생각하는 선험은 보편적인 것도 형식적인 것도 아닌 "순전히 경험적"이고 우연적이며 불안정한 것으로서 "역사성을 벗어나지 않는다."18) 푸코는 역사적 선험의 단절, 변형, 문턱에 관심이 있었다.

역사적 선험과 장치는 모두 이질적인 요소들로 이뤄진 '구조'인 동시에 어떤 유형의 '발생'을 특징으로 갖는다.19) 하지만 역사적 선험은 여전히 담론적 실천의 층위에만 머물러 있다는 점에서 '장치' 개념에 의

---

17) Michel Foucault, "Les problèmes de la culture: Un débat Foucault-Preti"(1972), *DÉ*, t.2: 1970-1975, p.373. 보편적 가치를 갖는 형식적 구조로서의 선험에 대한 거부는 푸코의 「계몽이란 무엇인가?」에서도 찾아볼 수 있다. 거기서 푸코는 비판이란 선험적인 것이 아니라 고고학적이며 계보학적인 것이라고 주장한다. Michel Foucault, "Qu'est-ce que les Lumières?"(1984), *DÉ*, t.4: 1980-1988, p.574. [정일준 옮김, 「계몽이란 무엇인가?」, 『자유를 향한 참을 수 없는 열망: 푸코-하버마스 논쟁 재론』, 새물결, 1999, 195쪽.]
18) 푸코, 『지식의 고고학』, 185쪽.
19) Michel Foucault, "Le jeu de Michel Foucault"(1977), *DÉ*, t.3: 1976-1979, p.299. [홍성민 옮김, 「육체의 고백」, 『권력과 지식: 미셸 푸코와의 대담』, 나남, 1991, 236~237쪽.]

해 극복되어야 했다. 『말과 사물』(1966)에서 다룬 에피스테메 역시 담론적 장치에 불과하다. 장치에 들어가는 이질적인 요소들은 그보다 훨씬 다양하다. 담론, 제도, 건축 정비, 규칙, 결정, 법, 행정조치, 과학적 언표, 철학, 도덕, 박애적 명제 등등. 또한 장치는 '전략적'이라는 뚜렷한 변별점을 갖는다. 그것은 담론적인 것과 비담론적인 것 모두를 아우르는 폭넓은 개념이다. 한마디로 장치는 앎의 유형들을 지탱하며, 그것들에 의해 지탱되는 힘관계의 전략들이다.

3. 아감벤은 푸코의 장치가 실증성에서 비롯된 것이라고 부당전제한 뒤, 이 '실증성'이 어디에서 왔는가라고 묻는다. 하지만 정작 물어야 하는 것은 푸코의 '장치'가 어디에서 왔는가이다. 푸코에게 있어서 장치 개념의 등장을 가장 잘 보여주는 장면이 있다. 『정신의학의 권력』(1974)의 첫 강의에서 푸코는 자신이 『광기의 역사』(1961)에서 광기에 대한 지각에 특권을 부여한 나머지 그와 관련된 담론적 실천들이나 '표상' 분석에만 머물러 있었으며, 앞으로는 '권력장치'에 대한 분석을 하겠다고 선언한다. 여기서 권력장치는 언표, 담론, 모

든 형태의 표상, 요컨대 담론적 실천들을 형성하고 생산하는 심급으로 간주된다.[20] 이전까지 인식 또는 담론의 형성과 변환의 가능성의 조건에 주목했던 푸코는 이제 인식에 내재적인 언어적 조건과 인식에 외재적인 사회적 조건들 상호간의 관계를 강조한다.

물론 우리도 푸코의 권력장치가 표상 분석을 대체·극복한다는 표현을 어려움 없이 썼고, 많은 연구자들은 푸코의 방법론이 지식의 고고학에서 권력의 계보학, 그리고 말기의 윤리의 계보학으로 이행했다고 본다. 하지만 고고학과 계보학이라는 방법론의 구별이 아니라, '담론'과 '실천'이라는 두 극으로 푸코의 틀을 바라보자. 그러면 우리는 푸코에게서 단절보다는 연속성 또는 진동을 보게 될 것이다. 1971년의 어느 인터뷰에서 푸코는 16세기 말 이래 서구사회에서 광인들이 배제되는 현상의 두 측면을 설명한다. 한 측면은 제도, 실천, 습관, 경찰, 가족, 법원이 광인들을 분류하고 선별해 어둠 속에 집어넣었던 방법들로서 이런

---

20) 미셸 푸코, 오트르망 옮김, 『정신의학의 권력: 콜레주드프랑스 강의 1973~74년』, 도서출판 난장, 2014, 34~35쪽.

실천은 진술되지 않았으며 흔적도 별로 없다. 다른 한 측면은 이 제도와 실천이 철학, 종교, 법, 의학 담론에 의해 지탱되는 것이다. 이 '실천-담론' 집합이 광기의 경험을 구성한다. 푸코는 자신이 담론의 극과 실천의 극이라는 두 극 사이에서 진동하며 시간을 보낸다고 말한다. 예컨대 『말과 사물』과 『지식의 고고학』(1969)에서는 담론의 결을 연구했다면, 이제는 제도와 실천의 결을 살핀다는 것이다.[21]

담론과 실천이 상이한 지층을 이루면서도 서로 절합되어 있다는 사실은 계보학 시기에 와서 밝혀진 것이 아니라 그의 초기 저작들에서부터 이미 나타나는 것이다. 따라서 우리는 푸코의 장치 개념이 무엇을 대체했는지(장치가 역사적 선험 또는 에피스테메를 대체하는 것은 맞지만)를 살피기보다, 어떤 사상적 맥락 속에서 장치 개념이 전략적으로 필요하게 됐는지 따져볼 때 더 많은 것을 얻을 수 있다.

---

21) Michel Foucault, "Un problème m'intéresse depuis longtemps, c'est celui du système pénal: Entretien avec J. Hafsia"(1971), *DÉ*, t.2: 1970-1975, p.207.

푸코의 사유라는 내적 맥락에서 장치 개념의 발생을 살펴보자. 장치는 푸코가 쓴 1970년대 초중반 저작에 집중적으로 나타나는 개념이다. 그렇다면 그보다 앞선 저작들의 문제틀을 살펴봄으로써 장치의 단초를 찾아보자. 『말과 사물』에서 푸코의 성찰을 구성하는 실마리는 '인간학적 장치의 가능성의 조건들에 대한 물음'이었다고 말할 수 있다.[22] 이 책 8장에서 푸코는 근대 사상을 특징짓는 '초월'이라는 주제가 어떻게 생명, 노동, 언어활동이라는 경험적 장과 관련되는지를 보여준다. 푸코는 조르주 퀴비에의 생물학, 데이비드 리카르도의 정치경제학, 프란츠 보프의 문헌학 같은 실증적 지식들의 출현과 살아 있는 인간, 노동하는 인간, 말하는 인간의 규정의 탄생을 추적한다. 즉, 푸코는 "인간이란 무엇인가?"라고 묻기보다는 "인간을 ……한 인간으로 만들어주는 실증적 조건은 무엇인가?"에 관심을 가졌다.

---

22) Bernard Vandewalle, "L'analyse du dispositif anthropologique dans les *Dits et Écrits* de Michel Foucault," *Lectures de Michel Foucault*, vol.3, éd. Pierre-François Moreau, Lyon: ENS Editions, 2003, pp.53~59.

푸코는 1967년의 어느 인터뷰에서 "인간을 가능케 하는 것은 구조들의 집합"[23]이라고 밝힌 바 있다. 푸코의 말대로 당시 구조주의 또는 현대 사상에서는 이미 근대적 주체-객체 개념에 대한 본질적인 문제제기가 있었다. 푸코는 『광기의 역사』를 작성할 때 조르주 뒤메질의 영향을 받아 "경험의 구조화된 형식들"[24]을 탐구했다. 그 책의 초판 서문에서 푸코는 "광기의 역사를 만든다는 것은, 그것의 야생적 상태가 결코 그 자체로 복원될 수 없는 어떤 광기를 포획하는 역사적 집합(통념들, 제도들, 사법·경찰 조치들, 과학 개념들)에 대한 구조적 분석을 하는 것"[25]이라고 적고 있다. 다시 말해 푸코는 광기에 대한 경험이 인간의 테두리를 한계 짓는 나눔과 배제의 구조(이성/비이성, 가시적/비가시적, 사유할 수 있는 것/사유할 수 없는 것, 언표할 수

---

23) Michel Foucault, "Qui êtes-vous, professeur Foucault?" (1967), *DÉ*, t.1: 1954-1969, p.608.
24) Michel Foucault, "La folie n'existe que dans une société" (1961), *DÉ*, t.1: 1954-1969, p.168.
25) Michel Foucault, "Préface à *Folie et Déraison*" (1961), *DÉ*, t.1: 1954-1969, p.164.

있는 것/언표할 수 없는 것 등)를 통해 형식을 갖게 됐다고 보며, 이 구조를 지탱하는 역사적 요소들의 집합이 무엇인지 물었던 것이다. 위에서 역사적 집합에 속하는 것으로 열거된 것들은 푸코가 '장치'를 구성하는 이질적 요소들이라고 말했던 것과 크게 다르지 않다. 이 두 요소들의 집합 또는 네트워크, 즉 장치 속에서 광인이라는 주체, 그리고 광기라는 대상이 구성된다. 이 장치는 광기가 경험될 수 있는 가능성의 조건을 이룬다. 이렇듯 '장치'라는 개념의 도입은 담론적 실천과 비담론적 실천을 아우름으로써 권력-지식의 관계를 해명하기 위한 시도로 볼 수 있다.

이번에는 푸코가 행한 동시대 사상과의 대결이라는 외적 맥락에 장치 개념을 위치시켜보자. 루이 알튀세르는 1970년 6월 『라팡세』에 「이데올로기와 이데올로기적 국가장치」라는 논문을 발표한다.[26] 지금까지 어느 누구도 푸코가 장치를 가리키기 위해 '아파레

---

26) Louis Althusser, "Idéologie et appareils idéologiques d'État: Notes pour une recherche," *La Pensée*, n°151, juin 1970; 김웅권 옮김, 「이데올로기와 이데올로기적 국가 장치」, 『재생산에 대하여』, 동문선, 2007.

이유'appareil와 '디스포지티프'dispositif를 구별 없이 여기 저기서 사용했다는 사실에 주목하지 않았는데,27) 이런 혼용은 푸코가 알튀세르를 염두에 두고 있다는 명백한 증거이다. 푸코는 『감시와 처벌』에서 권력이 폭력이나 이데올로기에 따라 기능하는 것도 아니고 배제를 목적으로 하는 것도 아니며, 그 대신 생산의 최대화, 정상화/규범화를 추구한다고 본다. 『감시와 처벌』의 작업장이라 할 수 있는 『정신의학의 권력』의 첫 강의에서 푸코는 녹슨 열쇠 같은 개념들로 폭력, 제도, 가족모델 또는 국가장치를 든다. 그리고 여기에 각각 권력의 미시물리학, 충돌하는 힘들 속에서 작동되는 전술, 정신의학에서 펼쳐지는 권력관계의 전략을 맞세운다. 한마디로 푸코의 '권력장치'는 억압적이고 폭력적인 국가기구나 이데올로기적 국가장치에 대한 비

---

27) Michel Foucault, *Les anormaux: Cours au Collège de France, 1974-75*, éd. Valerio Marchetti et Antonella Salomoni, Paris: Gallimard/Seuil, 1999, pp.45, 310; 오생근 옮김, 『감시와 처벌』 (개정판), 나남, 2016, 310, 320쪽; "Pouvoir et corps"(1975), *DÉ*, t.2: 1970-1975, p.759. [홍성민 옮김, 「육체와 권력」, 『권력과 지식: 미셸 푸코와의 대담』, 나남, 1991, 90쪽. 한국어판에서는 appareil, dispositif가 누락됐다]; 『정신의학의 권력』, 124쪽.

판을 함축한다. 특히 푸코는 자신이 권력의 작동을 언급할 때 국가장치, 지배계급, 헤게모니를 가진 카스트의 문제를 참조하기보다 개인의 일상적인 태도에서 개인의 고유한 신체에 이르기까지 개인들에게 실행되는 미시적인 권력에 관심을 가진다고 주장한다. 이때 푸코는 알튀세르의 '이데올로기적 국가장치'를 명시적으로 언급한다.[28]

저는 맑스주의적이거나 유사맑스주의적인 관점과는 구분되는 것 같습니다. 전자와 관련해 말하자면, 저는 이데올로기 수준에서 권력의 효과를 파악하려는 자들에 속하지 않습니다. 이데올로기 문제를 제기하기에 앞서 신체의 문제 그리고 신체에 대한 권력의 효과를 연구해야 더 유물론자가 되는 것은 아닌지 묻고 싶습니다. 실제로 이데올로기에 특권을 부여하는 분석들이 저에게 꺼림칙한 까닭은 그것이 언제나 인간 주체를 전제하기 때문입니다. 고전 철학에 의해 그 모

---

28) Michel Foucault, "Asiles, Sexualité, Prisons"(1975), *DÉ*, t.2: 1970-1975, pp.771~772.

델이 주어졌으며 권력이 지배하려는 의식을 가진 인간 주체 말이지요.29)

푸코는 『"사회를 보호해야 한다"』(1976)에서도 자신의 다섯 가지 방법적 주의를 이렇게 요약한다. "권력

---

29) Foucault, "Pouvoir et corps," p.756. [「육체와 권력」, 88쪽.] 워런 몬탁은 알튀세르의 이데올로기론에서 '신체'의 문제가 중요함을 지적한다. 몬탁에 따르면 알튀세르는 이데올로기의 상상적 형태와 이데올로기의 물질성을 화해시키고, 억압적 국가기구와 이데올로기적 국가장치를 화해시키며, 나아가 정신과 신체의 이분법을 스피노자 독해를 통해 화해시킨다는 것이다(Warren Montag, "The Soul Is the Prison of the Body: Althusser and Foucault 1970-1975," *Yale French Studies*, no.88, 1995). 몬탁은 '개인을 주체로 불러 세운다'는 점에서 푸코의 규율권력론과 알튀세르의 이데올로기론이 맞닿는다고 주장하는 셈인데, 개인을 주체로 불러 세우는 것이 어디 푸코와 알튀세르의 이론뿐일까. 오히려 푸코의 틀은 언표의 체제와 가시성의 체제(이 둘은 정신과 신체의 구분과는 무관하며, 푸코는 언표의 가시성/물질성, 가시성의 언어적 성격을 주장하지 않는다), 그리고 이 체제를 가로지르는 힘관계와 전략에 바탕을 둔다는 점에서 알튀세르의 틀과는 거리가 멀어 보인다. 게다가 신체와 개인을 생산하는 규율권력이 아니라, 종으로서의 인간인 '주민' 또는 '인구'를 겨냥하는 생명권력의 문제틀에 다다르면 푸코와 알튀세르의 거리는 더욱 멀어진다고 볼 수 있다.

에 관한 연구를 주권의 사법적 구조물 쪽으로, 국가의 기구 쪽으로, 또는 권력에 수반되는 이데올로기 쪽으로 향하게 해서는 안 됩니다. 저는 권력의 분석을 주권이 아니라 지배 쪽으로, [권력의] 물질적 작동자 쪽으로, 예속의 형태 쪽으로, 이 예속의 국지적 체계가 어떻게 접속되고 이용되는가 하는 쪽으로, …… 앎의 장치들 쪽으로 향하게 해야만 한다고 생각합니다."30)

4. 푸코는 『지식의 고고학』에서 담론적/언표적 형성과 비담론적/환경적 형성을 구별했다. 이 두 가지 실천적 형성들을 들뢰즈는 '지층'으로 바꿔 부르기도 한다. 이 "지층들은 역사적 형성물이며, 실증성이요, 경험성이다. 지층들은 사물과 말, 보기와 말하기, 가시적인 것과 진술가능한 것, 가시성의 구역과 독해 가능성의 장, 내용과 표현으로 형성된다."31) 특히 들뢰즈는 『감시와 처벌』에서 다음과 같은 도식을 끌어낸다.32)

---

30) 미셸 푸코, 김상운 옮김, 『"사회를 보호해야 한다": 콜레주드프랑스 강의 1975~76년』, 도서출판 난장, 2015, 53쪽.
31) 질 들뢰즈, 박정태 옮김, 「미셸 푸코의 주요 개념들에 대하여」, 『들뢰즈가 만든 철학사』, 이학사, 2007, 437쪽.

|  | 형　　식 | 실　　체 |
|---|---|---|
| 내용(빛의 체제) | 감　　옥 | 수감자들 |
| 표현(언어의 체제) | 형　　법 | 범법행위 |

여기서 내용의 단은 가시성의 장소이자 비담론적 형성들이고, 표현의 단은 진술가능성의 장 또는 언표의 장이자 담론적 형성들이다. 그리고 우리는 이 틀로 『광기의 역사』를 읽어낼 수도 있다.

|  | 형　　식 | 실　　체 |
|---|---|---|
| 내용(빛의 체제) | 구 빈 원 | 광　　인 |
| 표현(언어의 체제) | 정신의학 | 정신병 또는 광기 |

여기서 관건은 형식이 실체를 규정한다는 것. 엄밀히 말해 '장치'란 내용-형식과 표현-형식의 집합 또는 네트워크라는 것이다. 그것들이 무규정적인 생명체에 작용되면 광인이나 수감자라는 주체, 그리고 그들의 실천·행위를 규정하게 된다. 광기나 범죄행위가 수용소나 감옥을 새롭게 구조짓기도 한다. 푸코는 임상의학을 다른 유형의 담론들(생물학, 화학, 정치이론, 사회

---

32) 질 들뢰즈, 허경 옮김, 『푸코』, 동문선, 2003, 57~59쪽.

분석)과 그것이 기능하는 비담론적 맥락(제도, 사회적 관계, 경제적·정치적 정세) 속에 위치시키고 정의해야 한다고 말하기도 했다.33) 『광기의 역사』와 『임상의학의 탄생』은 이미 위 두 상이한 영역들 사이의 관계를 정의하려는 시도였다. 즉, 이때부터 『지식의 고고학』을 거쳐 『감시와 처벌』에 이르기까지 두 지층과 각 지층의 관계에 대한 푸코의 탐색은 변함이 없다.

담론 영역은 그와 연결된 실천적·제도적 영역과 공통으로 갖는 구조에 복종하는 것만은 아니다. 이 점에서 담론 형성체에는 일종의 자율성이 있다. 나아가 어떤 주어진 시기에 상이한 담론들 사이에는 동형성이 있다.34) 이 동형성의 대표적인 예가 '판옵티즘'이다. "감옥이 공장이나 학교, 병영이나 병원과 흡사하고, 이런 모든 기관이 감옥과 닮았다."35) 한마디로 판옵티콘은 "이상적인 형태로 압축된 어떤 권력메커니

---

33) Michel Foucault, "Réponse à une question"(1968), *DÉ*, t.1: 1954-1969, p.676.
34) Michel Foucault, "Sur les façons d'écrire l'histoire"(1967), *DÉ*, t.1: 1954-1969, p.590.
35) 푸코, 『감시와 처벌』, 347쪽.

즘의 다이어그램"이다.36) 그렇다면 규율장치인 판옵티콘은 무엇을 겨냥하는가? 판옵티콘에서 간수의 시각적 권력은 수감자들의 '상상'37)에 의해 극대화된다. 그리고 이 상상을 가능케 하는 장치가 바로 감옥의 건축 형식이다. 이 형식은 시선의 불평등을 만들어낸다. 시선의 불평등은 수평적 어긋남과 수직적 어긋남이라는 이중의 어긋남에 의해 강화된다. 한편으로 수감자와 간수의 공간은 떨어져 있다. 특히 수감자들이 감독관들에게 대항하지 못하도록 탑과 수용실 사이에 우물이 설치되기도 한다. 다른 한편으로 수감자와 간수의 시선은 수평이 아니다. 한 명의 간수가 두 층의 수감자들을 감시할 수 있다. 수감자들에게 간수는 언제나 아래 또는 위에 어긋나게 위치한다.

벤담이 명시적으로 내세우는 장치는 '발'이다. 간수가 있는 곳은 발로 가려져 있기 때문에 수감자들은 간수를 볼 수 없다. 그러므로 감독관이 자리에 없어도 수감자들은 그가 자리에 있다고 '상상'하게 된다. 간수

---

36) 푸코, 『감시와 처벌』, 347쪽.
37) 제레미 벤담, 신건수 옮김, 『파놉티콘』, 책세상, 2007, 21쪽.

가 실제로 그 자리에 없어도 상상의 효과는 마찬가지다. '발' 외에도 '흰색철관'을 통해 수감자들에게 공지사항이나 작업지시가 이뤄진다. 즉, 간수는 보이지 않으나 '목소리'는 언제든 들이닥칠 수 있다.[38] "자신을 드러내지 않는 감독관은 마치 유령처럼 군림한다. 이 유령은 필요할 때는 곧바로 자신이 존재한다는 증거를 드러낼 수 있다."[39] 따라서 판옵티콘은 보이는 수감자들과 보이지 않는 간수라는 빛과 어둠의 분배만이 아니라 '상상'과 '허구'의 문제이다.

벤담은 감옥의 본질적인 장점이 "진행되는 모든 것을 한눈에 파악할 수 있는 능력"인 판옵티콘이라고 했다.[40] 이것은 한 명의 간수가 모든 수감자를 감시할

---

[38] 『감시와 처벌』에서 푸코는 이 '관'이 '청각적인 감시'를 하기 위한 착상이었는데, 기술적인 이유로 벤담이 이를 단념했다고 생각한다. 하지만 벤담의 계획은 '도청'이 아니라 모세 앞에 나타난 예수처럼 '보이지 않는 목소리'를 만들어냄으로써 간수와 수감자 사이에 극도로 비대칭적인 권력관계를 만들어내는 것으로 보인다. 푸코 스스로 말했듯이 일망 감시방법의 목적은 권력의 '무형화'이다. 푸코, 『감시와 처벌』, 312~314쪽. 특히 312쪽의 각주 5번을 참조하라.
[39] 벤담, 『파놉티콘』, 23쪽.

수 있게 해주는 측면을 강조한 것이다. 이것은 감시자의 관점에서 서술된 것이다. 그렇지만 보다 주목해야 하는 것은 "책임자의 눈이 어디에나 존재한다"[41]라는 표현이다. 그리고 이 책임자의 눈이 다른 수감자들의 눈으로 대체됨으로써 서로가 서로를 감시하는 상황에 주목해야 한다.[42] 즉, 주권자와 다름없는 한 명의 감시자가 모든 수감자들에게 감시라는 눈의 권력을 행사하는 것이 아니라, 감옥의 건축 형식에 의해 시선과 관련해 비대칭적인 권력관계가 형성되고, 더불어 수감자들이 감시자의 시선을 내화하는 것(수감자의 예속적 주체화)이 관건인 것이다.[43] 이것은 '투명함에 의한 권력,' '조명'에 의한 예속화의 정식이다.[44]

---

40) 벤담, 『파놉티콘』, 23쪽.
41) 벤담, 『파놉티콘』, 24쪽.
42) 벤담, 『파놉티콘』, 63쪽.
43) "가시성의 영역에 예속되어 있고, 또한 그 사실을 알고 있는 자는 스스로 권력의 강제력을 떠맡아서 자발적으로 자기 자신에게 작용시키도록 한다. 그는 권력관계를 내면화해 1인 2역을 하는 셈이다. 그는 스스로 예속화의 원칙이 된다." 푸코, 『감시와 처벌』, 314쪽.
44) Michel Foucault, "L'œil du pouvoir"(1977), *DÉ*, t.3: 1976-1979, p.197.

벤담이 '모든 것을 보는' 권력을 통해 꿈꿨던 것은 각 부분에서 가시적인 동시에 가독적인 투명한 사회이다.[45] 감옥의 구조는 18세기 후반 의학적 시선이 사회 공간에 효과적으로 적용된 사례이다. 해부학은 인간의 신체와 관련해 모든 것이 가시적이고 가독적이기를 꿈꿨다. "규율은 세부적 사실의 정치적 해부학"[46]이라는 푸코의 말은 이런 뜻에서 이해될 수 있다. 다시 말해 단순히 한 시선이 전부를 볼 수 있다기보다 감옥 안에 있는 "모든 것이 가시적이고 가독적"으로 됐다는 사실이야말로 규율권력의 핵심이다.

5. 푸코의 규율권력 장치와 하이데거의 '게슈텔'Gestell은 주체를 불러 세운다는 공통점을 갖고 있다.

하이데거는 「기술에 대한 물음」(1953)에서 기술의 문제는 그 자체로 기술적인 것이 아니며, 기술적 의지의 형이상학의 문제요, 존재의 역운歷運의 사건이라고 주장한다. 즉, 기술이 아니라 기술의 '본질'이 문제이

---

45) Foucault, "L'œil du pouvoir," p.195.
46) 푸코, 『감시와 처벌』, 218~219쪽.

다. 기술은 인간에 의해 목적을 위한 수단으로 사용되는 이런저런 도구장치들을 가리킨다. 반면 기술의 본질은 게슈텔이다. 게슈텔은 '집약'$^{Ge-}$을 뜻하는 접두사와 '도발적 요청'이라는 의미의 '닦아세움'$^{Stellen}$이 합쳐진 단어로서 '몰아세움' 또는 '모아-세움 틀'이라 옮길 수 있다.[47] 현대 기술의 본질은 대상의 본성이 자연스럽게 솟아나도록 기다리고 돌보는 것이 아니라, 저장하거나 축적할 수 있는 에너지를 내놓으라고 강압적이고 도발적으로 닦달하는 데 있다. 몰아세움(장치)은 존재의 모든 가능성과 역량을 채취하고 모으는 것이다. '도발적 요구'에 의해 밖으로 끌어내 앞에 '세워지는,' 즉 탈은폐되는 것은 '부품'$^{Bestand}$, 욕구 충족을 위해 계산가능한 대상으로서 현존한다.

인간은 기술의 본질인 몰아세움(장치)의 위험을 모른 채 자기 자신도 다른 존재자들처럼 한낱 부품으로 전락할 위험에 처해 있다. 이에 대해 하이데거는 '숙고적 사유'와 '초연한 내맡김'을 대안으로 제시한다.

---

[47] 게슈텔의 번역어로 '닦달'(이기상), '몰아세움'(이선일), '강립(强立)'(전순홍), '모아-세움 틀'(신상희), '공-작(工-作)'(이진우) 등이 제안된 바 있다.

기술은 도구도 아니요, 더욱이 인간에 의해 만들어진 것도 아니다. 오히려 기술은 탈은폐의 한 방식으로, 기술의 본질은 존재 진리의 역운인 닦달이다. 따라서 기술의 극복은 단순히 인간의 자발적인 합리적 통제에 의해 가능한 것이 아니다. 기술의 본질은 존재진리의 역운이기에 기술을 단순히 부정한다고 해서 기술이 극복되는 것도 아니다. 오히려 기술의 극복은 인간이 기술의 본질을 통찰하고 이 본질이 지니는 위험을 직시하며 이 위험 속에서 자라나오는 존재의 새로운 도래에 겸허히 귀 기울일 때에만 가능하다.[48]

기술의 본질을 숙고하며 장치를 우리 시대 최고의 위험으로 경험할 때(심지어 우리는 이 위험에 대한 경험으로부터 배제되어 있다) 우리는 기술과의 관계에서 자유롭게 된다. 기술을 배제하고 자연으로 돌아가자는 것도 아니고, 그렇다고 "기술과 기술의 도구를 긍정하고 촉진시키는"[49] 것도 아닌, 기술과의 관계를 재정립

---

[48] 이선일, 「기술의 극복을 위한 하이데거의 시도」, 『哲學』(제38집), 한국철학회, 1992, 76쪽.

하는 것이 열쇠이다. 기술 또는 장치에 맞서 "무엇을 해야 하는가?"가 아니라 그것들을 "어떻게 사유해야 하는가?," 즉 기술의 본질 자체와 대면하는 것이 우선이다. 그리고 인간과 기술 또는 장치 사이에 본질적인 관계가 수립되기 위해서는, 인간이 먼저 "자기의 본질 공간에 정주해 그 안에서 거처를 취해야 한다."[50] 장치의 극복 변형은 하나의 사건처럼 도래하며, 언제 어떻게 일어날지 모르는 번갯불 같이 번쩍이는 이 사건 Ereignis은 도래하기 '미리 앞서' 인간을 호출하고 있다. 인간은 이 호출에 응답해야 한다.

몰아세움(장치)은 '주체'의 의미를 바꿔버린다. 주체라는 개념은 그리스어 '휘포케이메논'hypokeimenon(라틴어 '수비엑툼'subjectum)에서 유래했다. 그것은 본디 어떤 것의 '아래에 놓여 있는 것'을 뜻하며 '주어,' '논의 대상,' '기체'基體 등의 의미로 사용됐다. 특히 그것이 형이상학적 의미인 '기체'로 쓰일 때는 "한 존재자의 밑바탕에 놓여 있는 것, 모든 우발적인 것의 변동 속에

---

49) 마르틴 하이데거, 이기상 옮김, 「전향」, 『기술과 전향』, 서광사, 1993, 109쪽.
50) 하이데거, 「전향」, 109쪽.

서도 견지되며 놓여 있는 것, 본래 사물을 그 사물로서 형성하고 있는 바로 그것"[51]을 뜻한다.

모든 존재자의 바탕으로 쓰이던 개념이 근대에 들어서면 인간 존재에게만 한정된다. 그리고 나머지 존재자는 주체 앞에 마주 서거나 세워지는(표상되는) '대상(객체)'이 된다. 인간과 사물의 관계가 서로 함께 속함公屬이 아니라 주체와 객체로 양분됨으로써 근대 기술이 작동하기 위한 조건이 놓인 것일 수도 있다. 하지만 이는 인간-기술-사물이라는 도구적 관점에 머문 것이다. 하이데거가 지적하고 있듯이 현대 기술의 본질인 몰아세움에 의해 도발적으로 요청되어 비은폐된 것은 '부품'이며, "부품의 의미로 놓여 있는 것은 더 이상 대상으로서 우리와 마주 서지 않는다."[52] 하지만 주체인 인간은 어떤가? 인간 역시 각종 산업들에 의해 사물 또는 자연에 대고 에너지를 채굴해내도록 도발적으로 요청받고 있다. 주체는 기술을 활용해

---

51) 이기상, 「현대 기술의 본질: 도발과 닦달」, 마르틴 하이데거, 이기상 외 옮김, 『강연과 논문』, 이학사, 2008, 416쪽.
52) 마르틴 하이데거, 이기상 옮김, 「기술에 대한 물음」, 『강연과 논문』, 이학사, 2008, 23~24쪽.

주문 요청에 관여한다는 점에서 다른 현실적인 것들과 구분된다고는 하나 과연 인간이 부품이 아니라고 할 수 있을까?[53]

기술의 본질인 몰아세움(장치)의 관점에서 보면, 오늘날 인간이라는 '주체'는 '장치'를 통해서만 주체가 된다. 강이 발전소와 마주해 수압공급자로서 세워지듯이, 생명체는 장치와 마주해 주체로 세워진다. 사물들이 에너지를 공급하는 기능을 하듯이, 생명체 역시 끊임없이 에너지를 공급하고 장치에 수탈당한다. 이제 인간이 사물과 자연에 대해 갖던 주체적 우위관계마저 사라진다. 인간 역시 사물 중 하나이다. 주체는 더 이상 근대적 코기토가 아니라 장치에 의해 닦아

---

[53] 물론 하이데거는 인간이 자연 에너지보다 더 근원적으로 도발적인 주문을 받고 있기 때문에 결코 단순한 부품이 될 수 없다고 주장했다(하이데거, 「기술에 대한 물음」, 25쪽). 이를 우리 식대로 해석하면, 인간은 장치의 사용자로서 '신민-주체'가 되는 반면에, 자연이나 사물은 장치를 사용할 수 없다는 점에서 예속된 주체가 아닌 단순한 부품이다. 하지만 대상의 궁극적 소멸은 장치의 도발적 요청에 따르는 주체의 소멸과 짝을 이룬다. Françoise Dastur, "Heidegger, penseur de la modernité de la technique et de l'éthique," *Po&sie*, n°115, Paris: Belin, 2006, pp.38~39.

세워진 '~로서'의 주체, 장치가 뽑아내려고 겨냥한 어떤 '기능'을 구현한 부품일 뿐이다.

푸코가 사용한 '주체-기능'이라는 표현은 이와 같은 점에서 시사하는 바가 상당히 크다. '주체-기능'은 푸코가 「저자란 무엇인가?」(1969)에서 분석한 바 있는 '저자-기능'의 연장선에 있다.

> 규율권력 내에서 주체-기능은 …… 신체의 단일성에 합치됩니다. 신체, 그의 몸짓, 그의 위치, 그의 의동, 그의 힘, 그의 삶의 시간, 그의 담론 같은 이 모든 것들 위에 규율권력의 주체-기능이 적용되고 행사됩니다. 규율은 주체-기능을 신체의 단일성에 정확히 중첩시키고 합치시키는 권력의 기술입니다. …… 규율권력은 예속된 신체를 만들어내고 주체-기능을 신체에 정확히 고정시키는데, 이것은 아마도 규율권력의 근본적 속성일 것입니다. 규율권력은 예속된 신체들을 만들어내고 그것들을 배열합니다. 규율권력이 개별화한다는 것은 개인이 예속된 신체라는 것입니다.[54]

---

54) 푸코, 『정신의학의 권력』, 93~94쪽.

'장치'란 주체-기능을 생명체에 꽂아넣음으로써 주체를 생산해내는 것인 셈이다. 주체 기능을 구성하는 역사적 구조로서의 장치 바깥에 있는 실체 또는 휘포케이메논을 찾아서는 안 된다. 왜냐하면 "주체-기능, 영혼의 투영, 규범화 심급보다 앞서 개인이 존재한다고는 말할 수 없을 것"이기 때문이다.[55]

규율권력이 전반적이며 지속적으로 실행되기 위해서는 '글쓰기'의 사용이 요구됐다. 그래서 서구에서는 17~18세기부터 군대, 학교, 견습센터, 경찰서나 재판소 시스템에서 사람들의 신체, 태도, 언설에 대한 '기록'이 본격적으로 이뤄졌다.[56] 대표적인 예가 학교 다닐 때 받는 생활기록부, 그리고 거기에 기재된 '행동발달 사항'이다. 오늘날 블로그, 미니홈피 장치에 기록되는 각자의 '고백' 등은 말 그대로 한 권의 진행 중인 자서전biographie이며, 스스로 작성하는 행동발달 사항이다.[57] 따로 고해신부神父나 정신분석가가 필요 없을

---

55) 푸코, 『정신의학의 권력』, 94~95쪽.
56) 푸코, 『정신의학의 권력』, 83~84쪽.
57) 개인신상 정보(personal information)에 대한 기록이 종이 매체에서 전자 '로그'(log)로 완전히 대체된다면 로그의 조작을

지경이다. '이력서'curriculum vitae는 우리가 거쳐 간 제도와 장치들을 보여줌으로써 스스로 자신의 추적가능성을 짠다.58) 그리고 "시간은 돈"이라고 말했던 정치가의 이름을 딴 프랭클린 다이어리를 가지고 우리는 자신의 생애life time를 관리·기록한다.

---

통해서 한 개인의 신상 자체가 완전히 뒤바뀌는 일이 발생할 수 있을 뿐만 아니라, 로그의 소멸이 라이프(life)의 소멸을 뜻하게 될 수도 있다. 일례로 인터넷서점 알라딘이 제공하는 블로그 서비스 '알라딘 서재'가 서버 이상으로 장기간 점검에 들어갔을 때, 서재 주인장들이 느꼈던 것은 '자기 상실'에 대한 공포에 다름 아니었다. 요컨대 알라딘이라는 기업이 서재 활동을 이용해 판매 실적을 올리느냐 마느냐, 기업이 제공한 플랫폼에 의식적으로 예속/주체화될 것이냐의 문제가 아니라, 개인과 블로그 장치 속의 주체를 더 이상 구분할 수 없는 상황이 도래했다는 사실에 주목해야 한다. 생명을 지속적인 삶으로 세워주던 '기억'이 오늘날 오롯이 '장치'에 의존하게 된 것이다. 그래서 포털사이트 계정이나 블로그 서비스에서 탈퇴하는 것은 그만큼 더 어려워지고 있다. 오늘날 인터넷 주체성은 엄청난 접속 가능성을 부여받은 동시에 훨씬 더 취약한(fragile) 주체가 됐다.

58) Tiqqun, "Une métaphysique critique pourrait naître comme science des dispositifs······," *Contribution à la guerre en cours*, Paris: La Fabrique, 2009, p.124. 원래 이 글은 티쿤이 발행한 동명의 잡지(*Tiqqun*, n°2, Paris: Tiqqun, 2001)에 발표됐다. 티쿤에 대해서는 본서 45쪽의 각주 15번 참조.

✗ 우리말에 격조사라는 것이 있다. 체언이나 용언의 명사형 아래에 붙어, 그 체언이나 용언의 명사형이 문장 안에서 다른 말에 대해 가지는 자리를 나타내는 조사이다. 격조사는 '의존' 형태소라 불리지만 그것의 기능은 결코 가볍지 않다. 예를 들어 "철수 영희 좋아한다"는 완전한 문장이 아니다. 여기서는 주어가 무엇이며 목적어가 무엇인지, 좋아한다는 누구의 움직임을 나타내는 것인지 알 수 없다. "철수는 영희를 좋아한다"라고 해야만 완전한 문장이 된다. 그래야만 철수라는 주어와 영희라는 목적어가 식별된다. 이처럼 조사는 문장의 성분을 결정지어준다. 다시 말해 철수는 주어'로서 세워지는' 것이며, 영희는 목적어'로서 세워지는' 것이다. 서구 근대 철학에서 주체가 객체를 표상하면서 세운다고 하지만, 우리 문법에서 주체는 객체를 세우지 않고 조사가 주어(주체)와 목적어(객체)를 세운다. 주체와 객체는 문장 전체의 성분들(부품들)이다. 이전에 주체, 특히 인간은 대상들을 자기 앞에 세우면서 대상들과의 관계 속에서 중심적인 지위를 차지할 수 있었다. 하지만 격조사라는 장치에 의해 불러 세워지는 인간은 사물이나 자연에 대

한 주체적 우위를 상실하게 된다. 문장 속에서 주체는 근대적 코기토도 초월적 입법자로서의 주체도 아닌, 장치에 의해 닦아 세워진 '~로서'의 주체, 요컨대 장치가 뽑아내려고 겨냥한 어떤 '기능' 또는 '격'格을 구현한 대상이다. 주체이든 객체이든 오로지 조사라는 '장치'를 통해서 주체-기능, 객체-기능을 부여받는다. 체언의 정의는 이를 명확히 보여준다. "체언이란 조사의 도움을 받아 문장에서 주체의 구실을 하는 단어이다." 심지어 "철수!"와 같은 부름은 문장이 될 수 있지만, 그것은 '-야'라는 호격조사를 함축한 것이다. 조사 없이 문장이 되지 않듯이, 장치 없이는 주체도 객체도 있을 수 없다.

6. 규율사회에서 통제사회에로 넘어가면서 판옵티콘은 '생체인식' 장치에 포개진다. 생체인식 장치는 판옵티콘의 유토피아를 실현하고 있다고 할 수 있다.

마우리치오 랏자라또는 푸코의 생명권력론을 들뢰즈의 통제사회론을 가지고 흥미롭게 해석한다. 특히 랏자라또는 생명정치 기술과 통제기술의 차이를 다음과 같이 구분한다.

생명정치 기술은 생명에 관계한다. 그것은 인간 종에 속하는 한에서의 살아 있는 존재를 겨냥한다. 그것은 병, 실업, 노화, 죽음에 이른 생명을 조절하는 것을 목표로 한다. 생명정치 기술이 참조하는 생명은 인구의 재생산이다. 통제기술도 생명에 관계하지만, 전혀 다른 의미에서 그렇다. 통제기술이 변조하려 애쓰는 역량을 이해하기 위해 쟁점으로 제기해야 하는 것은 생명의 다른 개념, 즉 생명체이다.[59]

생체인식이란 '생명'bio-을 '측정'(척도)metry해 사람person을 인식하고 식별identification하는 것이라고 정의되지만 거기서 문제가 되는 것은 더 이상 인간 종이 아니라 '생명체'이다. 식별을 위해서는 지문, 홍채, 손등의 정맥, 귀 모양, 얼굴 같은 신체의 특징과 목소리, 서명, 필체, 걸음걸이, 몸짓 같은 행동의 특징이 필요하다. 생체인식 기술 관련 시장은 미국의 9·11사건이나 영국의 런던 지하철 폭탄 테러 이후 급성장하고 있

---

[59] Maurizio Lazzarato, *Les révolutions du capitalisme*, Paris: Les Empêcheurs de penser en rond, 2004, p.80.

고, 이른바 선진국들은 US-VISIT 프로그램,60) 선원들의 생체신원증, 전자주민증에 이르기까지 여러 생체인식 프로젝트를 진행하고 있다.

2003년 아감벤은 뉴욕대학교의 특훈 교수로 초빙됐으나 9·11사건 이후 조지 W. 부시 정부가 도입한 외국인 지문날인 조치에 항의하면서 미국 방문을 거부했다.61) 또한 『르몽드』에 「생체인식적 문신에 반대한다」와 「생체인식에 반대한다」는 글을 기고했고, 최근작인 『벌거벗음』의 「페르소나 없는 정체성」에서 다시 생체인식 문제를 다뤘다.62)

아감벤이 위 글들에서 던지는 논점은 다음과 같다. 첫째, 생체인식은 주체성의 가장 사적이고 가장 소통

---

60) United States Visitor and Immigrant Status Indicator Technology(방문자 및 이민자 지위 표시 기술). 미국 입국시 비자가 필요한 외국인의 지문과 사진 등 생체정보를 수집하는 것을 말한다. 일본은 2007년 J-VIS를 도입해 시행하고 있고, 한국도 ROK-VISIT을 시행할 예정이다.

61) 조르조 아감벤, 박진우 옮김, 『호모 사케르: 주권권력과 벌거벗은 생명』, 새물결, 2008. 옮긴이 서문을 참조할 것.

62) Giorgio Agamben, "Non au tatouage biométrique," *Le Monde*, le 11 janvier 2004; "Non à la biométrie," *Le Monde*, le 5 décembre 2005; 『벌거벗음』, 인간사랑, 2014.

불가능한 요소를 등록하고 파일로 정리한다. 생체인식 기반 신분증에 들어가는 요소들은 사회적으로 인정되는 인격과는 무관한 순전히 생물학적인 정보들, 다시 말해서 '벌거벗은 생명'이다. 둘째, 오늘날 우리가 사용하는 신분증사진은 본래 '범죄사진'에서 유래한 것이란 점에서,[63] 시민들은 '잠재적인 범죄자' 취급을 받고 있다. 셋째, 신분증사진과 나치 경찰들이 유대인들을 수용소에 보내기 위해 등록한 사진이 구별되지 않는다는 점에서 민주주의적 주권의 구성원들과 전체주의의 유대인들(집중수용소의 '무젤만')은 동일한 생체인식 장치에 사로잡혀 있다.

푸코적 의미에서 '생체인식 장치'는 19세기 말부터 출현했다고 할 수 있다. 기원전 7,000~6,000년경 중국과 앗시리아 등에서 지문으로 신분을 확인했고, 파리코뮌 당시 정부군이 체포한 반란군을 식별하는 데 사진을 유용히 쓴 바 있다. 하지만 프랑스의 알퐁스 베르티용이 범죄자들의 인체를 측정하고 초상사진

---

[63] 우리는 이와 동일한 통찰을 다음의 기사에서도 찾아볼 수 있다. 박상우, 「주민증·면허증은 '범죄사진' 흔적?」, 『한겨레』, 2009년 7월 29일자.

을 찍고 분류하는 법을 기술한 『법정사진』(1890)을 출간하고, 영국의 프랜시스 갈톤이 지문문양을 분류하는 방법을 담은 책인 『지문』(1892)을 출간한 뒤에야 생체인식 방법에 대한 '지식-담론'이 체계를 갖췄다. 이 지식을 경시청에서 범인 식별을 위해 실천하고, 범인들이 이 생체정보 앞에 식별을 위해 불러 세워졌을 때부터 진정한 생체인식 장치가 작동했다고 하겠다. 요컨대 18세기 감옥·병원·공장 등을 관통하는 패러다임으로서 벤담의 판옵티즘(일망감시 방식)이 있었다면, 19세기 말 생체인식 분야에는 '베르티오나쥬'bertillonage가 있었다고 할 수 있다.[64] 베르티오나쥬는 베르티용이 찍은 사진들이 아니라 그가 개발한 신체측정, 언어묘사, 초상사진 등 여러 가지 식별기술의 총합을 뜻한다. 그것은 인간의 신체를 14개 측정 부위(키, 발크기, 손, 코, 귀, 머리둘레, 머리 길이, 흉부 등)에 따라 분류하려는 기획이었다. 한마디로 인간의 신체를 측정하는 식별법l'identification anthropométrique이었던 것이다.

---

64) 베르티용에 대한 국내 연구로는 다음을 참조하라. 박상우, 「사진, 닮음, 식별: 베르티용 사진 연구」, 『한국사진학회지 AURA』(제20호), 2009, 134~147쪽.

오늘날 우리는 인간측정이 아니라 생체측정/인식 biométrie이라는 단어를 사용한다. 이것은 19세기 말에서 20세기 말로 넘어오며 신체·행동정보에서 생리학적 정보로 식별 대상이 이동했음을 보여준다. 행동 특징의 경우에는 규율장치에 의해 영향 받는다. 1980년대에 초등학교를 다니던 필자는 학교에서 걸음걸이, 책을 읽는 자세와 펜을 쥐고 글을 쓰는 자세 등에 관한 훈련을 받았다. 그러나 위에 나열된 생리정보는 규율장치에 의해 매개되지 않고 생명체 자체에 새겨져 있는 것들이다. 특히 홍채는 생후 6개월 이내에 그 무늬 패턴이 형성되고, 18개월쯤 되면 대강 완성된 뒤 오랜 기간 변하지 않기에 생채인식 정확도가 대단히 높다. DNA의 구조가 같은 일란성 쌍둥이의 경우에도 홍채는 서로 다르며, 다른 사람이 같은 홍채를 가질 확률은 10억분의 1이다.

생체인식 장치에서 관건은 규율장치처럼 온순한 주체인 개인의 정체성을 주조하는 것이 아니다. 생체인식 장치의 주요 기능은 '추적가능성'에 있다. 무엇을 추적하는가? 그것은 '흐름' 또는 흐름의 '흔적'을 추적하고 통제한다.[65] 개인이나 기업에서 사용되는 생체인식 장치는 주로 "나의 안전과 재산을 지키는 열쇠가 되어주는 나만의 정보"라는 슬로건 아래 사용되고 있다. 집, 사무실, 은행의 금고나 현금인출기, 박물관, 무기고에 이르기까지 생체인식 장치는 개인의 '출입'을 통제하고 관리하는 데 목적이 있다. 심지어 생체인식 장치를 통해 인터넷 쇼핑몰에서 상품을 구매하고 결제할 때에도 그것은 돈의 '흐름'과 출납을 통제하는 것이다.[66] 그리고 국가 차원의 생체인식 장치가 중점

---

65) Xavier Guchet, "Biométrie dans les aéroports: La fausse alter-native de la liberté et de la sécurité," *L'avion: Le rêve, la puissance et la doute*, sous la dir. d'Alain Gras et Gérard Dubey, Paris: Publications de la Sorbonne, 2009, p.44. 티쿤은 완벽한 장치의 사례 중 하나로 '고속도로'를 든다. 고속도로는 '순환'의 최대치와 '통제'의 최대치가 일치하게 되는 곳이라는 것이다. 이런 일치는 돈의 흐름에 대해서도 마찬가지이다. 고객과 상품의 정기적인 흐름보다 쇼핑의 생존에 더 중요한 것은 없다. 돈의 순환의 최대치와 통제의 최대치야말로 자본주의 사회가 꿈꾸는 바이다. Tiqqun, "Une métaphysique critique pourrait naître comme science des dispositifs……," pp.121~123.

66) 금융권에서는 인터넷 뱅킹시 보안 프로그램을 설치하도록 강제하며 뒤로는 고객 컴퓨터의 MAC Adress(Media Access Control Address, 매체 접근 제어 주소, 랜카드 고유 일련번호)를

적으로 사용되는 곳은 공항과 항만이다. 불법노동자, 범법자, 테러리스트 등의 유입을 국경에서 통제하기 위해서 말이다. 국가들은 이 '위험한 자들'이라는 공통의 적 앞에서 그들의 가장 사적인 정보를 가장 공적으로 공유한다.

많은 점에서 생체인식 장치(들뢰즈가 말한 '통제사회'의 다이어그램)는 규율장치와 구별된다.

규율장치는 개인의 신체에 직접 영향을 미치는 미시물리적인 것이었다. 반면 오늘날 발전하고 있는 생체인식 장치는 '원거리'에서 작동하며, 그것의 폭력

---

수집했다. 최근에는 포털사이트 네이트에서도 맥어드레스와 가입자의 컴퓨터이름을 수집할 수 있도록 사용자 약관을 변경하려다가 네티즌들의 반대에 부딪혀 철회한 바 있다. 인터넷상의 블로그에서는 '가면놀이'가 가능하지만, 멕어드레스는 '접속' 주체의 생체 정보와 다름없다. 맥어드레스를 통해 해당 컴퓨터 이용자가 온라인상에서 무엇을 했는지 시간대별로 알 수 있다는 점은 통제장치의 '흐름 추적' 메커니즘을 정확히 보여준다. 이는 단순히 금융권과 소비자의 불평등한 권력관계의 사례에만 해당되는 것은 아니다. 우리는 블로그에서 어느 나라 어느 지역의 방문자가 어떤 게시물을 읽고 있는지 실시간으로 추적해 볼 수 있기 때문이다. 정보수집, 편의 또는 호기심의 이름으로 장치는 아무런 문제의식 없이 도처에서 사용되고 있다.

은 접촉을 통하지 않는 '버추얼'한 것이다. '원거리 다중 생체인식 기술'은 특징점을 이용해 원거리에서 얼굴을 인식하고, 걸음걸이를 통해 그 사람을 식별하며, 심지어 대상을 추적하며 자동으로 움직이는 카메라로 얼굴을 확대해 홍채를 식별하기도 한다.

게다가 홍채 식별을 위해 사용되는 '근적외선'이나, 어둠 속에 있는 사람의 얼굴을 인식할 때 사용되는 '열적외선'은 가시광선의 영역 밖에 있다. 앞서 살펴봤듯이 판옵티콘에서 감시자는 어두운 곳에 가려져 있고, 수감자는 빛에 노출되어 있다. 이 빛과 어둠의 나눔은 수감자로 하여금 감시자가 없어도 자신이 감시받는 위치에 있음을 끊임없이 인지시키는 효과가 있다. 이제 '빛'은 빛과 어둠을 더 이상 나누지 않는다. 가시적인 곳과 비가시적인 곳의 구분불가능성 속에 우리는 속속들이 노출되어 있으며, 따라서 자신이 감시받는 위치에 있음을 알 수 없다. "개인의 신체를 둘러싼 절대적이고 항구적인 가시성"[67]이라는 판옵티콘의 과제는 이제야 완수된다.

---

67) 푸코, 『정신의학의 권력』, 88쪽.

가시적인 것과 비가시적인 것의 나눔에서 완전한 가시성으로의 이행은 DNA를 통한 생체인식에서도 나타난다. 과거에는 '눈에 보이는' 차이들을 '기록'하기 위해서 사진장치가 필요했다. 이제는 '눈에 보이지 않는' DNA라는 생체 원리를 '눈에 보이도록' 만들기 위해서 장치에 의존한다. 이전까지는 인간의 눈과 보조장치를 통해 개인을 식별했으며, 여기에는 기록과 기억의 문제가 전제됐다. 반면 이제는 한 개인의 독특성을 식별하는 일이 오로지 장치에 달려 있다. 이것은 한 개인의 본질을 닦달해 밖에 세우는 한 방식이다. 더욱이 DNA 성분에 따라 한 사람의 신체, 성격, 행동, 심지어 장래(범죄가능성)까지 판단할 수 있을지 모른다. DNA에 새겨져 있으며 반드시 현실화될 것으로 간주되는 잠재성이 아닌 잠재성은 의미가 없다. DNA는 한 개인의 '운명'이며, 이제 "생명 자체에 고유한 역사성"[68]은 제거된다.

지금까지 얼굴 모양, 걸음걸이, 홍채 등은 생채정보 추출기에 의해 미리 등록되고 나중에 검증되는 과정

---

[68] 푸코, 『말과 사물』, 383쪽.

을 거쳤다. 특히 등록은 개인의 선택 또는 (예를 들어 주민등록증 제도와 같은) 국가적인 제도에 의해 뒷받침됐다. 푸코 식으로 말하면 담론적인 것은 비-담론적인 것에 의해 뒷받침되어야 하는 것이며, 특히 비-담론적인 것은 권력관계와 전략의 장이다. 예컨대 지금까지는 주민등록증이나 전자여권 발급을 거부하는 운동이 가능했다. 푸코는 언젠가 오늘날 주요 목표는 우리가 무엇인가를 발견하는 일이 아니라 우리가 무엇인가를 거부하는 일이며, 국가나 국가의 기관으로부터 개인을 해방시키려 하는 것이 아니라 국가와 국가에 연결되어 있는 개별화의 유형 둘 다로부터 우리를 해방시키는 데 있다고 말한 적이 있다. 그러나 원거리 다중 생체인식 장치는 힘관계의 놀이를 배제한다. 따라서 우리는 '내 내밀한 부분을 알리지 않을 수 있음'의 능력을 빼앗기게 된다. 우리가 거부할 수 없는 그 무엇(생체정보)에 따라 우리가 개인으로서 불러 세워진다면 무슨 일이 벌어질까?

7. 아감벤은 기 드보르를 패러디해 오늘날 자본주의는 "장치들의 거대한 축적과 증식으로 정의"[69]된다고 말

한다. 개인들의 삶이 장치에 의해 변조, 통제, 감염되지 않는 순간은 한 순간도 없다. 그도 그럴 것이 아감벤은 감옥, 정신병원, 판옵티콘, 학교, 고해, 공장, 규율, 법적 조치 등과 같이 권력과 명백히 접속되어 있는 것들뿐만 아니라 펜, 글쓰기, 문학, 철학, 농업, 담배, 항해[인터넷서핑], 컴퓨터, 휴대전화, 언어 등도 장치라고 보니 말이다.

장치는 '분리'를 통해 작동한다. 이것은 이중의 분리이다.

첫째, 그것은 생명체로부터 그것의 역량을 분리해낸다. 아감벤은 상황주의자들의 테제를 더 밀고 나가면서 현대 자본주의는 노동의 수용espropriazione/收用일 뿐만 아니라, 무엇보다 '언어활동'에 대한 수용이라는 주장을 편다. 오늘날 대중매체mass media는 대중의 생각과 힘을 집권자들에게 전달하거나 대중간의 소통을 매개하는 역할을 하지 않는다. 그것은 오히려 대중의 힘과 의사표현의 가능성, 다시 말해 언어능력을 수용,

---

69) 조르조 아감벤, 양창렬 옮김, 『장치란 무엇인가?/장치학을 위한 서론』, 도서출판 난장, 2010, 35쪽.

즉 대중으로부터 거둬들여 사용한다. 언론을 통해 발표되는 여론조사도 마찬가지이다. 그것은 어떤 여론이 있어야 하는지를 규정한다. 따라서 여론조사 방법의 정확성을 지적하는 것은 핵심을 놓친 것이다. 여론이란 제조된 '대중의 의견'民心이며, 그럼으로써 대중의 현시/시위할 수 있는 잠재력을 박탈하는 것을 말한다. 아감벤은 『목적 없는 수단』(1996)에서 이탈리아인들이 침묵하는 이유 중 하나가 언론의 소란 때문이라고 지적한다. 체제를 떠받치던 언론과 텔레비전이 체제에 맞서 들고 일어서면서 대중의 입에 재갈을 물린다는 것이다. 이에 더해 우리는 오늘날 스펙터클은 '정서'에 대한 수용이라고 말할 수 있을 것이다. 신문과 포털사이트에는 우리가 내뱉으려던 '분노'가 이미 기사화되어 있다. 로베르트 무질이 『특성 없는 남자』에서 적고 있듯이, "오늘날 누가 과연 그의 분노가 자신의 것이라고 주장할 수 있는가?" 각종 버라이어티 프로그램에서는 자막이 우리가 웃을 타이밍을 미리 알려준다. 오늘날 웃음은 우리에게 고유하게 속하는 것인가?

둘째, 장치는 우리의 삶으로부터 형태를 분리해낸다. 아감벤에게 장치는 우리를 둘러싸고 우리를 매개하는 모든 것으로 확장가능하다. 현 단계 자본주의 사회에서 모든 '대상'이 '상품'으로 전환가능하듯이 말이다. 상품으로 전환되지 않는 '성역'은 존재하지 않는다. 역설적이게도 세속의 극단은 성스러움의 극단과 맞닿는다. 아감벤의 표현을 빌려 우리 식대로 말하자면, 모든 것은 소비가능하지만 그 어떤 것도 사용가능하지 않고 접촉할 수 없다. 이것은 아감벤이 문제삼는 '경험의 상실'로 이어진다. 스펙터클의 사회에서 우리는 한 명의 관광객과 같다. 우리가 마주하는 대상은 박물관 안의 유리진열장에 담겨 전시된 것만 같다. 마치 우리의 접촉을 거부하는 듯. 우리의 삶이 형태를 갖지 않고, 우리가 이 세계를, 그리고 구체적인 사건들을 경험할 수 없다는 점에서 이 세계가 우리의 세계가 아니게 될 때, 우리는 어디에서도 자기 집에 있다고 느끼지 못하게 된다. 우리나라에서는 국민의 반이 수도권에 살고 있다. 이 '메트로폴리스'[70]에서는 "가

---

[70] 아감벤에게 '메트로폴리스'란 권력이 생명체와 사물에 대한 통치가 될 때 구체제의 '도시'를 대체하는 장치의 집합을 가리킨다. 메트로폴리스는 정치적 중심(아고라)에 기반한 동질적인 공간이 아니라 '배제'와 '감시/통제'가 동시에 작동하는

장 가까움이 가장 낯섦과 일치되어버린다. 이렇게 사람들이 모인 적도 없고, 그만큼 분리된 적도 없다."[71]
한마디로 우리는 공동체를 상실한 채 문자 그대로 '고독한 군중'으로 살고 있다.

앞서 우리는 푸코와 하이데거를 통해 장치가 '주체화'와 밀접한 관계를 맺고 있음을 살펴봤다. 그런데 아감벤은 「장치란 무엇인가?」에서 오늘날 '탈주체화'에 주목해야 한다고 주장한다.

> 현 단계의 자본주의에서 우리가 직시할 필요가 있는 장치들을 정의해주는 것은, 이 장치들이 더 이상 주체의 생산을 통해서가 아니라 오히려 탈주체화라고 부를 수 있는 과정을 통해서 작동한다는 사실이다. 탈주체화의 계기는 확실히 모든 주체화 과정에 암묵적으로 포함되어 있다.[72]

---

이질적인 공간이다. 아감벤은 2006년 11월 11일 베네치아 건축학교에서 열린 "메트로폴리스에서의 새로운 사회적 갈등들" 섹션("메트로폴리스-다중" 세미나 2회차)에서 「메트로폴리스」라는 글을 발표했다. 영역본으로는 다음을 참조하라. http://www.generation-online.org/p/fpagamben4.htm

71) Tiqqun, *Théorie du Bloom*, Paris: La Fabrique, 2000, p.54.

아감벤은 「소수의 생명정치」라는 중요한 인터뷰[73]에서 근대 국가를 탈주체화시키는 기계의 일종으로 간주한다. 이때 '탈주체화'란 "고전적인 모든 정체성을 흐트러뜨리는 동시에 푸코가 잘 지적했듯이 해소된 정체성을 특히 법적으로 재코드화하는 것"으로 정의된다. 아감벤은 핸드폰 사용자, 이리저리 채널을 돌려대는 자 등을 그 예로 들고 있다.

그렇지만 이런 설명만으로는 오늘날 문제가 되는 장치에 의한 탈주체화가 무엇인지 명확히 알기 어렵다. 이를 위해 우리는 하이데거의 게슈텔에 대한 성찰로 돌아갈 것을 제안한다. 프랑스 학계에서는 게슈텔을 '아레존망'arraisonnement, '디스포지티프' 등으로 옮겨왔는데 미셸 아는 그것을 '콩-소마시옹'con-sommation으로 번역하자고 제안했다.[74] 게슈텔도 번역하기 어렵

---

72) 아감벤, 『장치란 무엇인가?/장치학을 위한 서론』, 42~43쪽.
73) (avec Stany Grelet et Mathieu Potte-Bonneville) "Une biopolitique mineure: Entretien avec Giorgio Agamben," *Vacarme*, n°10, hiver, 2000. [http://www.vacarme.org/article255.html]
74) Michel Haar, *Le chant de la terre: Heidegger et les assises de l'histoire de l'être*, Paris: L'Herne, 1985, pp.184~185.

지만 콩-소마시옹도 그에 못지않다. 미셸 아의 견해를 받아들여 프레데릭 네라는 콩-소마시옹이 어떻게 삼중으로 짜여 있는지 설명한다.

첫째는 경제적이다. 콩소마시옹은 욕구를 충족시키기 위해 무언가를 이용하는 것이다. 둘째는 소진(파괴)이라는 용어와 공명한다. 셋째는 존재론적이다. 어원상 ['끝내다/마치다'라는 뜻의 라틴어] '콘수마레' consummare로 이해된 콩소마시옹이란 존재의 모든 가능성의 최종 수집이자, 가능성이 궁극적으로 완수되는 순간이자 장소이다. 콩소마시옹은 끝이다("모든 것은 완수됐다"Tout est consommé). ['콘수마레'가 '다 쓰다'를 뜻하는 라틴어] 콘수메레consumere와 혼동되면서 파괴의 의미가 발전할 수 있었다. 그것에서 파생되어, 욕구 충족에 고유한 효과를 강조함으로써 경제적 의미가 성립될 수 있었다.[75]

---

75) Frédéric Neyrat, "Heidegger et l'ontologie de la consommation," *Rue Descartes*, n°49, Paris: PUF, 2005, pp.8~9. 지금 우리가 전개하고 있는 소비-장치에 대한 논의는 네라의 이 놀라운 논문에 크게 빚지고 있다.

우리말 소비消費는 '써서 없앤다'는 뜻으로 앞서 처음 두 개의 뜻은 내포하지만 세 번째 뜻을 보여줄 수는 없다. 하지만 마땅한 다른 번역어가 없으므로 일단 '소비'라 새기고, 기존의 '소비'라는 단어의 외연을 넓혀 사용하자. '소비'는 무엇보다 몰아세움(장치)이 존재의 모든 가능성 또는 에너지를 닦달해 모음으로써 존재를 완수한다는 것, 한마디로 가능성을 현실화하는 기제임을 잘 보여준다. 또한 몰아세움(장치)이 주체와 대상을 '부품'으로 탈은폐했듯이, 소비-장치는 모든 존재를 '소비할 수 있는 존재자'로 불러 세운다. 부품이 '~로서의 존재'라는 기능적 주체화를 가리켰다면, 소비할 수 있는 존재자는 탈주체화를 가리킨다. 바로 이것을 해명해야 한다.

소비할 수 있는 존재자에는 소비할 수 있는 대상도 있고 소비할 수 있는 인간도 있다. 소비할 수 있는 대상이란 완전한 현실태로서 다르게 사용할 수 있는 가능성이 박탈된 것이다. 어느 상품이 고장 나더라도 그것을 고치거나 다른 식으로 사용하지 못한 채 그저 버리고 다른 물건을 살 수 밖에 없는 그런 것이다. 오늘날 우리는 상품이 닳거나 낡았기 때문에 다른 상품으로 대체하지는 않는다. 그저 '신상'이 나오면 옛것은 대체될 운명인 것이다. 소비할 수 있는 대상은 단순히 팔리기 위해서 생산된 것이 아니라 소비되기 위해서, 대체되기 위해서 생산된 것이나 다름없다. '대체가능성' 자체가 소비가능한 대상의 본질이 되어버린 것이다.[76)]

소비-장치가 작동하려면 소비할 수 있는 대상뿐 아니라 그것을 소비할 수 있는 인간이 필요하다. 현대 자본주의에서 우리는 상품뿐만이 아니라 오히려 그것의 브랜드, 디자인, 서비스, 광고까지 소비하도록 강제된다. 이를 위해서 소비-장치는 우리에게 '결핍'과 '충족'에 대한 강박을 심어준다. 채널을 이리저리 돌려대는 자, 업데이트된 내용이 없는지 각종 사이트를 산책하듯 살피며 시간을 보내는 자들은 텔레비전, 웹이라는 장치의 '소비자'이다. 텔레비전과 웹 여기저기에 산재한 '광고'는 이런 '산책자'들의 '이동성' 덕분에 유지된다. 소비-장치는 소비를 이끌어내기 위해 '도덕'의 탈을 쓰기도 한다. 윤리적 소비는 엄밀히 말해 사람과

---

76) Neyrat, "Heidegger et l'ontologie de la consommation," p.12.

환경에 해를 끼치지 않고 공정하게 만들어진 물건을 '도덕적'으로 소비하며, '부도덕한' 기업에 대해 불매운동을 벌임으로써 소비자의 '권리'를 내세우는 것이다. 한마디로 윤리적 소비는 기업에 '선'을 행해야 할 의무를 강제하기 위한 명령인 한에서 '도덕적' 행위이다. 그것은 '할 수 있음,' '역량,' '존재 방식' 등의 계열로 이뤄지는 '윤리'와는 무관하다. 하지만 소비-장치는 윤리라는 개념을 탈취함으로써 도덕과 윤리를 구분할 수 없도록 만들어버렸다. '웰빙'이라는 단어 역시 마찬가지이다. '잘 살아보세'라는 슬로건 아래 다른 존재 방식의 가능성은 배제된다. 하지만 윤리적 소비와 웰빙이라는 유행의 허상을 간단히 비판하는 것으로는 문제가 해결되지 않는다. 왜냐하면 도덕과 윤리가 구별불가능하게 됨으로써 우리는 윤리적 소비와 웰빙을 무작정 거부할 수 없는 상황에 놓여 있기 때문이다(그럼 악덕기업을 그냥 내버려두란 말인가?). 우리는 이 결정불가능성과 진지하게 대면해야 한다.

'탈주체화'와 관련해 가장 중요한 것은 소비-장치가 소비될 수 있는 사람을 만들어낸다는 데 있다. 오늘날 기업은 지원자의 가능성을 보고 채용한 뒤 그를 현실화시키는 숙련 과정을 더 이상 담당하지 않는다. 기업은 현실태로서의 경력자를 채용한다. 태어날 때부터 경력자인 사람은 없다는 반론이 기업의 논리엔 통하지 않는다. 반대로 비정규직은 숙련 과정을 겪으며 정규직이 되기를 기다리는 사람이 아니라 '애초부터 대체되기 위해 고용된' 사람이다. 그리고 비정규직은 시키는 대로 아무거나 할 수 있는 절대적으로 탈주체화된 존재가 되어야 한다. 2006년 봄, 최초고용계약반대anti-CPE 운동이 프랑스 전역에 들불처럼 번졌을 때 나왔던 슬로건 "우리는 클리넥스 티슈가 아니다"는 소비될 수 있는 노동자가 하얀 티슈처럼 백지상태여야 하며, 그것을 쓰고 나서 버리면 다음 티슈가 어느새 자동으로 나와 있는 노동(자) 환경을 빗댄 기막힌 표현이었다. 그리하여 소비될 수 있는 존재자의 극단은 '버릴 수 있는 인간'l'homme jetable이다.

8. 과연 [탈]주체화시키는 정치에서 벗어나거나 그것에 맞서 싸울 수는 있을까? 예를 들어 베르나르 스티글러는 아감벤이 장치를 대안 없는 기정사실로 간주하고 있다고 비판한다. 아감벤이 모든 장치에 들어 있

는 파르마콘적 이중성(독이면서 해독제)을 보지 못하고 오로지 '독'의 측면만 강조한다는 것이다. 또한 아감벤은 하나의 주체화(또는 탈주체화) 과정이 각각의 장치에 상응한다고 주장함으로써 장치의 주체가 장치를 올바른 방식으로 사용할 수 있는 가능성을 원천봉쇄할 뿐 아니라, 모든 [탈]주체화에 언제나 여러 과정이 가능하다는 것을 무시한다는 것이다.[77] 한마디로 생명체-장치-주체의 간단한 도식에서는 '욕망'도, '에너지'도, '자기기술'(그것은 장치에 의한 주체화와는 다른 [탈]주체화이다)도 들어설 자리가 없다는 것이 스티글러가 아감벤을 비판하는 핵심이다.

물론 아감벤이 장치에 의해 포획되는 생명체라고 부르는 '벌거벗은 생명'에서는 에너지나 욕망을 설정할 수 없다. 아감벤의 요지는 장치에 의해 생명체가 주체가 된다는 것, 거꾸로 생명체에게 장치는 일종의 역사적 '환경'처럼 주어진다는 것이다. 그도 그럴 것이 생명권력이 생명/삶의 관리를 목표로 하며 이는 인구/

---

[77] Bernard Stiegler, *Prendre soin: De la jeunesse et des générations*, Paris: Flammarion, 2008, pp.285~299.

주민의 '실존 조건'을 재생산하는 것을 겨냥하는 바, 생명권력 장치가 우리의 환경이라 해도 과언이 아니기 때문이다. 하지만 스티글러의 비판은 아감벤의 의도를 충분히 고려하지 못한다. 아감벤이 보기엔 해독제로서의 장치를 기대하는 것 또는 장치 속에서 만들어지는 저항적 주체성의 형성 따위는 장치의 논리와 결코 단절하지 못한 것에 불과한 것이다. 오히려 장치 자체로부터 물러서는 것이 중요하다.

아감벤의 『도래하는 공동체』(1990)에는 '구원'과 관련한 흥미로운 물음과 답이 등장한다. 예수의 탄생 이전에 죽은 착한 사람들 또는 세례를 받지 못하고 죽은 어린아이의 영혼은 어찌될까? 그들은 '고성소'에 간다. 그들은 신에 의해 방치된 채, 신의 정의와 무관하게 고통 없이 머문다.[78] 토마스 아퀴나스의 『신학대전』(1272~73) 제91문에서 따온 다른 질문. 최후의 심판 이후 '자연'은 어떻게 될까? 천체의 운동은 어찌되며, 동물과 식물의 운명은 어찌될까? 토마스 아퀴나스

---

[78] 조르조 아감벤, 이경진 옮김, 『도래하는 공동체』, 꾸리에북스, 2014, 13~14쪽.

의 대답은 이렇다. 모든 것은 복구할 수 없이 있는 그대로 머물 것이다. 이 두 문답에서 공통되게 등장하는 테마는 그리스도교라는 장치에 속하지 않는 자는 '종말' 이후에도 신에 의해 선택받거나 벌을 받지 않고 자연상태에 있던 그대로 머문다는 것이다.[79]

위 문답은 아감벤이 장치, 상품자본주의, 스펙터클의 사회의 붕괴 이후에 살아남기 위해서는 장치로부터 물러나서 장치의 시선에 의해 방치된 채 머물러 있을 것을 주장하고 있다고 결론내리기에 충분하다. 아감벤은 장치를 통해 얻는 주체성이나 특성(설령 그것이 장치에 항의하는 저항적인 것이라 하더라도)에서도 물러서는 것을 뜻한다. 물론 이런 선택에는 대가가 따른다. 우리는 장치의 보호와 혜택을 포기해야 한다. 핸드폰, 인터넷을 사용하지 않음으로써 겪는 사회적 고립, GPS를 사용하지 않음으로써 허비하는 시간과 돈, 각종 사이트 계정이나 은행계좌가 없어 쇼핑몰에서 물품을 구매하지 못하거나 인터넷 서점에서 책을 구입하지 못하는 등의 불편함, 심지어 비자 신청을 자진

---

[79] 아감벤, 『도래하는 공동체』, 61~63쪽.

거부함으로써 겪는 이동의 제한 등을 감수해야 한다. 하지만 이것들은 각종 상품에 대한 검토 및 시정 요청을 목적으로 하는 소비자운동과는 무관하다. 장치는 이의제기나 비판에 열려 있으며 심지어 항의하는 주체도 관용한다. 그것이 용납가능하며, 또 상품자본주의의의 교정과 발전을 가져오는 한에서 말이다. 하이데거가 기술에 대해 긍정도 부정도 하지 않았듯이, 아감벤은 장치에 대해 긍정도 부정도 하지 않는 전략을 택한다. 이런 예를 떠올려볼 수 있겠다. 오늘날 메트로폴리스의 거주민이 도처에 존재하는 '광고'를 보지 않는다는 것은 불가능한 일이다. 하지만 돈이 있으면서도 상품 구매에 나서지 않고, 그렇다고 손가락질을 해대지도 않으며 광고를 한낱 운동하는 이미지로 흘려보내고, 그럼으로써 결국 자본이 우리를 소비 주체의 범주에 넣지 않고 포기하도록 만들 수 있을 것이다. 엄밀히 말하면 이것은 자본이 우리를 망각한 것이 아니라 우리가 자본을 망각하는 것이며, 자본은 우리의 망각 앞에 무력해진다.

아감벤이 위와 같은 전략을 구사할 수 있는 까닭은, '벌거벗은 생명'의 '주체화' 없이는 인간학적 기계나 온갖 장치들이 순전히 형식적인 원리에 지나지 않을 것이기 때문이다. 오늘날 인간의 삶이 그 어느 때보다 장치와 깊숙이 얽혀 있으므로, 그 장치의 달콤한 유혹(당신을 '~로서의 주체'로 세워주겠다)을 거부하는 것만으로도 그 장치는 헛돌게 될 것이기 때문이다.

9. 장치를 통해 우리가 예속/주체화될 수 있는 무수한 가능성을 거부한다면 무슨 일이 벌어질까? 각종 장치에 의해 우리에게 주어진 특성들, 예컨대 한국인, 남자, 학생 등을 제거하고 남는 것은 무엇일까? 장치의 보호를 받지 않고 있는 그대로의 모습대로 노출된 존재는 "누구든지 그를 죽여도 살인죄로 처벌받지 않는" 모든 권리를 박탈당한 벌거벗은 생명과 얼마나 다른가? 아감벤에게 벌거벗은 생명은 벤야민의 '단순한 생명/삶'das bloßen Leben의 번역어요, 제1철학의 '순수 존재'를 가리키는 것으로서 어떤 규정이나 속성도 없는 순수한 삶 또는 존재가 아니던가? 아감벤이 벌거벗은 생명의 예로 드는 것은 수용소의 무젤만의 생명, 실험실에서 자신의 생명을 실험의 장으로 만든 생화학자 앨런 윌슨의 생명, 코마상태에 빠진 '새로운 시체'의

생명, 그리스 시대의 노예나 야만인, 우리를 구성하는 DNA 등이다. 벌거벗은 생명에 대한 존재론적인 정의는 동물의 생명(조에)도 아니요 인간의 삶(비오스)도 아닌 그저 그 자체로부터 분리되고 배제된, 자신의 형태/속성을 박탈당한 순수한 생명이다. 아감벤은 장치의 붕괴를 위해서 우리 각자가 자신의 형태를 제거해야 한다고 주장하는 것인가?

물론 아감벤은 벌거벗은 생명에 기초한 정치를 주장하지 않는다. 정치의 목표는 장치에 의해 우리의 삶으로부터 분리된 형태를 되찾아 삶-의-형태(그것은 또한 역량 있는 삶이기도 하다)를 만드는 데 있다. 그래서 아감벤은 "그 자체의 형태와 분리되어 비천한 상태에 있는 벌거벗은 생명을 상위의 원리, 즉 주권이나 신성한 것으로 간주했던" 조르주 바타이유의 한계를 지적하거나,[80] "모든 귀속 조건의 부재(부정적 공동체)"를 주장한 모리스 블랑쇼와 거리를 둔다.[81] 즉, 아감

---

80) 조르조 아감벤, 김상운·양창렬 옮김, 『목적 없는 수단』, 도서출판 난장, 2009, 17~18쪽.
81) 아감벤, 『도래하는 공동체』, 117쪽.

벤은 비인간으로 간주된 자들의 '권리'를 주장하는 것이 아니다. 아감벤은 한나 아렌트와 마찬가지로 시민이 아닌 인간이 갖고 있는 인권이라는 개념을 텅 빈 것으로 생각한다. 비인간은 자신의 권리를 주장할 수조차 없다. 그렇지만 블랑쇼가 말하는 모든 귀속 조건의 부재와 아감벤이 말하는 "모든 귀속 조건의 거부"[82]는 그리 달라 보이지 않는다. 게다가 아감벤이 아무런 정체성도 가질 수 없고 어떤 귀속 상의 끈도 가질 수 없는 임의의 독특성의 공동체를 이야기할 때,[83] 과연 이것이 어떤 '긍정적'인 공동체를 구성할 수 있는지 알기 어렵다.

장치는 생명체를 주체화한다. 생명체에게 의미 또는 사회 내에서의 상징적 자리를 부여한다는 것은 생명체가 '붉음, 프랑스인임, 무슬림임' 등을 뜻하게 된다는 것이다. 하지만 주체화는 생명체 자체의 '있는 그

---

[82] "귀속성 자체, 자신의 언어 속 존재[언어활동-속에-있음] 자체를 전유하기 위해 모든 정체성과 모든 귀속의 조건을 거부하는 임의적 특이성은 국가의 주적이 된다." 아감벤, 『도래하는 공동체』, 120쪽.

[83] 아감벤, 『도래하는 공동체』, 119쪽.

대로'의 존재 방식을 전제하되 그것을 삭제하는 한에 서만 이뤄진다. 아감벤은 이 '있는 그대로의' 존재 방식을 되찾아야 한다고 본다. 이와 관련해 아감벤은 '사랑스러운'amabile이라는 흥미로운 예를 든다.

> 사랑은 결코 연인의 이런저런 속성(금발이다, 작다, 보드랍다, 다리를 절다)을 향하지 않으며 그렇다고 무미건조한 보편성(보편적 사랑)이라는 미명하에 연인의 속성들을 도외시하지도 않[는]다. 사랑은 사랑하는 존재를 그것의 모든 술어들과 더불어 원하고, 그 존재가 그렇게 존재하는 한에서 ~대로를 욕망한다.[84]

여기서도 알 수 있듯이 아감벤은 이런저런 특성도 아니고 그렇다고 특성을 간과하는 것도 아닌 '특성 자체'(이것은 가능한 모든 특성의 총체를 포함한다)에 주목한다. 이것을 장치에 대한 논의에 적용시킨다면 장치에 의해 현실화되는 이런저런 특성이나 주체화도

---

84) 아감벤, 『도래하는 공동체』, 10~11쪽. 이 설명은 아감벤의 「친구」에서도 그대로 되풀이된다. 친구는 비술어적이며, 한 주체의 속성이나 성질이 아니다.

아니고, 장치를 완전히 도외시한 채 순수 생명체의 신성함을 주장하는 것도 아니고, 장치에 의해 포함/포획되면서 배제된 우리의 '가능성 전체,' 보다 정확히 말하면 순수 잠재성을 드러내는 것이 열쇠이다.

'잠재성'을 논하는 많은 현대 철학(질베르 시몽동, 들뢰즈, 아감벤, 파올로 비르노 등)에 공통되게 흐르는 다음과 같은 도식이 있다.

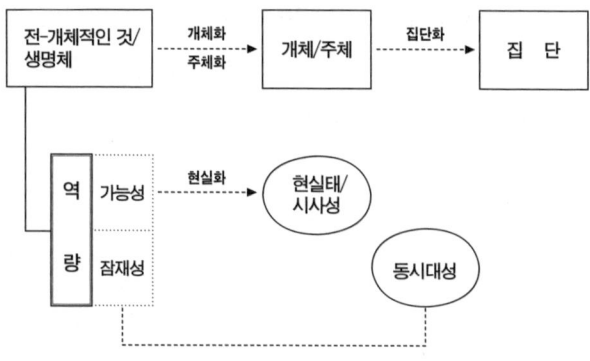

현대 철학에서 개체는 처음부터 주어진 것 또는 눈앞에 현상하는 개별자들이 아니라 개체화를 거쳐 구성된다. 아감벤의 틀에서 이 과정은 생명체가 장치에 의해 불러 세워지는 것으로 묘사된 바 있다. 아감벤의 장치론에서 명시적으로 등장하지 않지만, '장치'는 개체들이 집단을 형성할 때도 작동한다. 이때 집단은 가족, 사회, 부류 또는 계급, 국가를 가리킨다. 장-자크 루소가 말하는 '일반의지'는 개인이 집단의 성원이 되기 위해 탈개인화해야 함을 잘 보여줬다. 근대 인민국가는 벌거벗은 생명체로서의 인민이 정치적 실존으로서의 **인민**으로 주체화되는 과정을 통해서만 성립될 수 있었다.[85] 개체가 집단이 되기 위해서는 모이면서 자신의 특수성을 제거해야 한다. 반대로 개체 또는 주체가 전-개체적인 수준에 이르기 위해서는 자신의 특성을 제거하면서 모이게 된다. 전자의 경우 집단을 유지하기 위한 규칙에 맞게 개인의 특수성을 제한하며 예속되지만, 후자의 경우 개체의 특성을 제거함으로써 잠재력으로서의 독특성을 획득할 뿐 아니라 공통적인 것에로 스스로를 열게 된다.

가능성이란 현실태가 생산됐을 때 과거로 그것의 이미지를 되던짐으로써 구성된다. 다시 말해 가능성은 현실성에 의해 사후적으로 소급해 만들어진 것이

---

85) 아감벤, 『목적 없는 수단』, 40~43쪽.

다. 가능성은 현실태가 되거나 되지 않거나 하지만, 이 둘 중 어느 하나가 되지 않을 수 없다는 점에서 필연적이다. 반면 잠재성은 현실태의 모습에 비추어 구성된 것이 아니라 생명체가 그 자체로 가지고 있는 역량이다. 잠재성은 가능성이 현실태가 될 때도 사라지지 않고 지속한다. 쉽게 말해 가능성과 현실태 개념을 세공한 아리스토텔레스는 목적을 위해서 수단들의 연결이 만들어진다고 보았기에 가능성을 현실태의 수단으로 보았다. 하지만 신체 안의 어떤 기관도 우리가 그것을 사용하기 위해(보고, 말하고, 듣고) 생겨난 것이 아니다. 기관이 생성되고 그것을 쓰다 보니 특정한 기능에 한정되는 것이지 그 반대가 아니다. 그리고 이 과정은 필연이 아니라 '우연'에 따른다. 우리가 보지 않고, 말하지 않고, 듣지 않는 동안에도 우리의 기관과 능력은 사라지지 않는다. 심지어 우리의 기관을 다르게 쓴다면 다른 기능이 만들어질 수도 있다.[86] 가능성과 그

---

[86] 들뢰즈와 펠릭스 가타리가 『안티-오이디푸스』에서 발전시킨 '기계,' 그리고 기계들 사이의 '접속' 개념(먹는 입, 말하는 입, 빠는 입, 노래하는 입 등)은 잠재성의 사용법을 증식시키는 가장 구체적인 예 중 하나이다.

현실화의 관계는 자연을 인간학적 목적론으로 뒤집은 것이며, 생성 또는 잠재성과 그것의 실현관계는 거꾸로 선 개념을 다시 뒤집는 것이다.

아감벤은 「동시대인이란 무엇인가?」(2008)라는 글에서 잠재성을 현실태와 인접해 있는 기원, 고고학을 통해 전시해야 하는 대상으로 보았다. 동시대인이 된다는 것, 그것은 필연적인 과정이 아니라 우연적인 것이며 사건적이다. 잠재성에는 생명체가 기본적으로 갖고 있는 역량인 살다, 욕망하다, 지각하다, 기억하다, 말하다, 사유하다 등이 있다. 이것은 개별 생명체가 아니라 유적類的 존재의 생물학적 역량이다. 프랑스어에는 익명의 대명사 '옹'On(사람들)으로 이 존재를 표현한다. 잠재성은 '내가 말하다'가 아니라 '사람들이 말하다,' '내가 지각하는 것'이 아니라 '사람들이 지각하다' 등으로 표현된다.[87] 그래서 가능성은 항상 '누구'의 가능성, 무엇에 대한 가능성으로 규정되지만 잠재성은 누구도, 무엇도 갖지 않는다. 일부 철학자들은 칼

---

87) 파올로 비르노, 김상운 옮김, 『다중: 현대의 삶 형태에 관한 분석을 위하여』, 갈무리, 2004, 128~129쪽.

맑스의 '일반지성'이나 하이데거의 '근본기분'Stimmung 을 이 전개체적 역량의 예로 들곤 했다.[88] 가능성과 잠재성을 구분하지 않으면 벌거벗은 생명의 무력함과 아감벤이 주장하는 임의의 독특성의 역량을 뒤섞게 된다. 다시 말해 벌거벗은 생명에서 어떻게 에너지를 기대할 것인가라는 거짓 문제에 빠져들게 된다. 장치의 관점에서는 벌거벗은 생명/생명체가 특성을 부여받아 주체가 되는 것일 테지만, 엄밀히 말하면 벌거벗은 생명은 순수한 생명체(조에)가 아니다. 벌거벗은 생명은 인간적·사회적 삶(비오스)으로부터 온갖 특성을 배제한 뒤 소급해 만들어낸, 비인간(성)을 가리키기 위한 범주이다. 그리고 이 범주를 만들기 위해서는 순수 잠재성에서 역량을 떼어냄으로써 능력 없는 순수 존재를 만들고, 삶-의-형태에서 형태를 떼어냄으로써 한낱 생명을 만들어내야 한다.

우리가 가능성-현실성 그리고 잠재성의 도식으로 우회한 이유는 아감벤이 장치로부터 물러서는 '탈주

---

[88] 비르노의 『다중』 여기저기, 그리고 특히 다음의 책을 참조하라. Tiqqun, *Théorie du Bloom*, pp.20~25.

체화'를 정의할 때 바로 이 비인칭적 역량, 즉 순수 잠재성과 관계 맺음에 바탕을 두기 때문이다. 이때 아감벤은 명시적으로 시몽동을 참조한다. 시몽동은 개체화를 개인적·인격적 원리와 비인격적·비개인적 원리 사이의 공존으로 보았으며, 이때 비인격적 또는 비인칭적인 것이란 비인격적/비인칭적 역량의 질서를 가리킨다는 것이다. 「소수의 생명정치」 말미에서 아감벤은 삶의 기술의 문제를 다음과 같이 요약한다.

> 어떻게 이 비인격적/비인칭적 역량과 관계를 맺을 것인가? 어떻게 주체는 그에게 속하지 않고 그를 넘어서는 역량과 관계 맺을 수 있는가? 이것은 이른바 시학적인 문제이다. 로마인들은 생명을 발생시킬 수 있게 해주는 충만한 비인격적/비인칭적 원리를 게니우스genius라고 불렀다.[89] 그것도 하나의 가능한 모델이다. 주체는 의식을 가진 주체도 비인격적/비인칭적 역량도 아니며 그 둘 사이에 매달려 있는 것일 테다.

---

[89] 비인격적/비인칭적 역량인 '게니우스'에 대해서는 다음을 참조하라. 조르조 아감벤, 김상운 옮김, 「게니우스」, 『세속화 예찬: 정치미학을 위한 10개의 노트』, 도서출판 난장, 2010.

탈주체화에는 어둡고 컴컴한 측면만 있지는 않다. 거기에는 모든 주체성의 파괴만 있는 것이 아니다. 거기에는 더 충만하고 시학적인 이 다른 축도 있다. 그 축에서 주체는 다름 아닌 자기 자신의 탈주체화의 주체 le sujet de sa propre désubjectivation이다.

정리하면 아감벤은 탈주체화를 기존의 모든 주체성의 파괴라는 한 축과 비인격적/비인칭적 역량과의 관계 맺음이라는 한 축 사이에 있는 것으로 보고 있다. **이것은 장치에 의한 (탈)주체화 그리고 그에 이어지는 재주체화로 포획되지 않고, 어떻게 탈주체화의 주체에 머물 수 있는가라는 물**음이다. 아감벤은 위 인터뷰에서 이것을 푸코의 '자기배려'를 통해 설명한다.[90] 푸코에게 자기배려는 자기

---

90) "나를 충동질한 동기로 말하자면 그건 아주 간단했다. 몇몇 사람들이 보기엔 그것 자체만으로도 충분할 수 있으리라 생각한다. 그것은 호기심인데, 어쨌든 유일하게 약간은 고집스럽게라도 실행될 만한 가치가 있을 그런 유의 호기심이다. 알아야만 하는 것을 제 것으로 만들고자 하는 호기심이 아니라 자기 자신에게서 벗어날(se déprendre de soi-même) 수 있게 해주는 호기심인 것이다." 미셸 푸코, 문경자·신은영 옮김, 『성의 역사 2: 쾌락의 활용』, 나남, 2004, 23쪽.

를 배려하는 것인 동시에 자기로부터 벗어나는 것이었음을 지적하면서 말이다. 즉, 주체화 과정으로서의 자기실천이 아니라 자기로부터 벗어나는 과정에서만 자신의 정체성을 찾을 수 있는 자기실천이 열쇠이다. 이 실천은 앞서 말했듯이 재주체화/재정체화되지 않고 탈주체화의 문턱에 매달려 있는 한에서만 가능하다. 사실 이 모티프는 가깝게는 영토화-탈영토화-재영토화를 개념으로 만들었던 들뢰즈와 가타리의 사유에서, 그리고 멀게는 맑스가 인클로저 운동, 농민들의 농촌 이탈, 떠도는 대량 주민에 대한 통제, 그리고 그들의 도시노동자화 또는 하층민화 과정을 묘사하면서 보여주려고 했던 것에서 이미 발견되는 것이다.

10. 여러 현대 철학자들의 공통장소가 되어버린 이 재주체화되지 않는 도주로서의 '탈주체화,' 그리고 유적 존재의 역량과의 관계 맺음이라는 테마를 논박한다는 것은 쉬운 일이 아니다. 심지어 그 장소에서는 아직도 우리가 궁리해야 할 것들이 무궁무진하다. 다만 아감벤이 말하는 탈주체화 전략의 난점 몇 가지를 지적하면서 이 '서론'을 마무리하도록 하자.[91]

아감벤은 「소수의 생명정치」에서 푸코를 따라 자기로부터 벗어나는 한에서의 주체화를 말한 뒤 사도 바울의 가르침을 예로 든다. 바울은 사람들더러 각자의 사회적, 법적, 정체성적 조건에 머물러 있으라고 설파한다. 하느님이 각자를 부른 자리 그대로 머물되, 그 지위를 이용하고 활용하라는 것이다. 예컨대 노예는 노예로 있으되 그 지위를 이용해 '마치 노예가 아닌 것처럼' 행동해야 한다. 이렇게 자신의 삶을 이끈 노예는 노예이지만 더 이상 노예가 아니게 된다는 것이다. 여기서 '마치 …… 아닌 것처럼'은 푸코의 '자기로부터 벗어남'을 구체적으로 실천하기 위한 정식이다. 아감벤은 비인간이라고 간주된 자들의 권리 주장(여기서는 노예반란, 인정투쟁)을 말하는 것이 아니라, '권리 없는 사용'을 말하고 있다. 이 '권리 없는 사용'의 전략은 구체적인 투쟁에서 쓰여 왔다. 68혁명 이후

---

91) 아감벤의 장치론에서는 장치에 대항하기 위해서 '탈주체화' 못지않게 '세속화' 전략이 중요하다. 그렇지만 이 서론에서는 '탈주체화'에 대해서만 논의한다. 세속화 전략에 대해서는 본서에 수록된 '부록 1'과 다음의 글을 참조하라. 조르조 아감벤, 김상운 옮김, 「세속화 예찬」, 『세속화 예찬: 정치미학을 위한 10개의 노트』, 도서출판 난장, 2010.

오늘날에 이르기까지 이어지는 빈 건물 점거 운동이 대표적이다. 임대료 상승으로 빈 사무실들, 투기를 위해서만 존재하는 아파트와 토지를 권리 없이 사용하기. 재개발을 위해 쫓겨나야 할 세입자가 마치 세입자가 아니라 주인이라도 된 듯이 행동하기. 한마디로 이 운동은 '모두를 위한 주택권'이 아니라 주택 소유 관념 자체를 버리고 남아도는 '빈 주택 이용하기'를 슬로건으로 채택하는 것이다.

하지만 이 모든 전략적 유효성에도 불구하고 아감벤의 탈주체화론, 그리고 '마치 …… 아닌 것처럼'이라는 전략은 양가적이다. 아감벤은 『남은 시간: 로마인들에게 보낸 편지에 관한 주석』(2000)에서 유대법에 따라 사람들을 유대인과 비유대인으로 나누는 '분할' 자체를 '분할'하자고 제안한 바 있다.[92] 그러면 분할에서 남고, 분할에 저항하는 어떤 '나머지'가 있기 마련이라는 것이다. 이 분할의 분할은 다음과 같이 이뤄진다(뒤의 도표를 참조하라).

---

92) 조르조 아감벤, 김상운·양창렬 옮김, 『남은 시간: 로마인들에게 보낸 편지에 관한 주석』, 도서출판 난장, 근간.

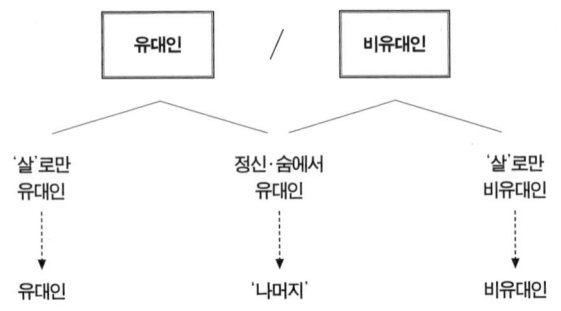

　분할을 분할했을 때 유대인과 비유대인 외에 '나머지'가 생긴다. 분할의 분할은 바깥에서 오는 것이 아니라 유대인 또는 비유대인 자신의 탈주체화에서 온다. 한편으로 유대인이라는 타고난 육체적 주체성에서 이탈해 정신·숨spiritus의 측면에서 탈주체화하는 영적 주체성이 있고, 다른 한편 유대인으로 태어나지는 않았으나 비대유인으로서의 육신을 버리고 가슴 속 깊이 유대인으로 탈바꿈한 주체성이 있다. 특히 이 두 번째 경우는 '비-유대인이 아닌'non-non-juif 것처럼 행동함으로써 유대인과 비유대인의 분할에 저항한다.

　하지만 극우주의자들 역시 '비-유대인이 아닌 것처럼'과 유사한 탈주체화 전략을 사용한다. 단적으로 장-마리 르펜이 이끄는 프랑스 극우정당 국민전선을 예로 들어보자. 국민전선에서는 어떤 사람이 프랑스 영토에서 태어났다고 해서 그 사람을 자동적으로 프랑스인으로 보지 않는다. 프랑스인이란 프랑스적 가치를 공유한 자여야만 한다. 프랑스인은 프랑스인이 아닌 자가 되어서는 안 된다$^{non-non-français}$. 이처럼 탈주체화 전략 그리고 '나머지' 개념 자체만으로는 그것이 분할에 맞서는 분할 전략인지, 아니면 기존의 정체성에 대한 정통적 옹호인지 알 수 없다. 이 아포리아는 non-non-x가 non-(non-x)뿐만 아니라 (non-non)-x라는 이중부정으로서의 강한 긍정으로도 읽힐 수 있다는 사실에서 비롯된다. 게다가 바울이 '나머지'의 자리에 진정으로 참된 유대인이라는 다소 순혈주의적인 범주를 놓고 있는 것도 문제이다.

아감벤의 주장을 조금 비틀기 위해 그 자신이 『열림: 인간과 동물』(2002)에서 인간학적 장치를 분석할 때 언급한 인간과 비인간의 구분을 우리 식대로 다시 한번 정리해보도록 하자.[93]

---

[93] 또한 본서에 수록된 아감벤의 「장치란 무엇인가?」에 붙인 각주 10번(36~37쪽)을 참조하라.

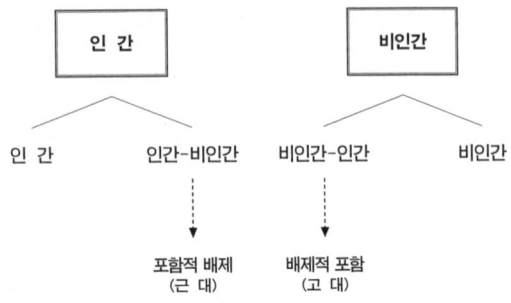

　여기서 인간과 비인간의 분할은 인간학적 장치에 의해 스스로 재분할되어 있다. 물론 이것은 근대에 와서야 확립된 것이다. 오래 전부터 무릇 정치란 배제를 통해서만 포함됐던 자들, 즉 노예, 여성, 이방인 등이 자신이 가지지 않았던 권리를 요구하거나 그들의 역량을 전시하면서 확장되어왔다.[94] 이는 '잠재성'이나 '역량'이라는 범주를 '인간' 존재자에게 한정할 수 없고, 생명체 또는 유적 존재에 위치시켜야 함을 보여준다. 인간/비인간의 구분을 시민/비시민의 구분으로 바꾼다면 비시민-시민은 외국인 노동자나 체류자들에

---

[94] 이와 관련해 우리는 자크 랑시에르의 『정치적인 것의 가장자리에서』(1990; 1998), 『불화: 정치와 철학』(1995) 등의 작업을 염두에 두고 있다.

해당될 것이다. 그런 의미에서 비인간-인간이라는 범주는 지금도 유효하다. 그리고 오늘날 포함되지만 배제되는 인간-비인간은 비단 식물인간이나 에이즈 환자처럼 죽음의 문턱에 있는 자들에만 한정되는 것은 아니다. 현 단계 자본주의의 소비-장치에 의해 전통적인 노동자 정체성이 해체되고 비정규직이 양산될 때, 이 '쓰다 버릴 수 있는 인간'은 인간-비인간의 범례가 된다. 누구나 알지만 여전히 요원하기만 한 정치의 과제는 인간-비인간과 비인간-인간이 어떻게 연대할 수 있는가이다. 그리고 우리의 도식이 잘 보여주듯이 이 두 범주가 서로 교통할 때에만 비로소 인간/비인간 분할의 경계는 지워질 것이다. (계속)

# APPENDIX
## Further Readings

**1** 「장치란 무엇인가?」 강연[발췌]
   "What Is a Dispositor?," Lecture at EGS [excerpt]

**2** 더 읽을 만한 자료들
   References

**3** 찾아보기
   Index

# 1. 「장치란 무엇인가?」 강연[발췌]*

성스러운 것에서 세속적인 것으로의 이행은 성스러운 것을 아주 예기치 못한 방식으로 사용함으로써 일어날 수 있다. 놀이가 그것이다. 우리에게 친숙한 게임 대부분이 고대 종교 제의에서 유래했다는 사실은 잘 알려져 있다. 아이들이 노는 모든 게임, 예컨대 노래하며 둥글게 돌다가 신호에 따라 급히 앉는 놀이는 원래 결혼 의례였다. 민속학자들에 따르면 모든 공놀이는 태양을 갖기 위해 신들이 벌인 싸움을 본 뜬 것이다. 내기와 도박은 점술과 신탁에서 유래했다. 알다시피 팽이는 점술 도구였다. 따라서 놀이는 세속화의 아주 흥미로운 예이다. 종교적이던 것이 이

---

* 이 글은 2005년 8월 아감벤이 유럽대학원에서 행한 강연의 발췌이다. 원래 이 강연에는 '세속화'에 대한 무연 설명이 있는데, 본서에 수록된 「장치란 무엇인가?」에서는 생략되고 9~10번 단락이 추가됐다. 이미 『세속화』(2005)가 출간됐기 때문인 듯한데, 아감벤이 장치에 대한 대항 전략으로 내세우는 세속화를 일별할 수 있도록 강연의 마지막 두 문단을 발췌한다.

제 새롭고 다른 사용, 즉 인간이 자유롭게 사용할 수 있도록 되돌아가는 것이기 때문이다. 그리고 대개의 경우 모든 사라진 종교 의례를 대거 세속화하는 책임을 짊어진 사람들은 아이들이다. 하지만 아이들은 종교적인 것만 가지고 노는 것은 아니다. 아이들은 경제, 법, 전쟁 영역에서 유래한 것들도 가지고 놀 수 있다. 아이들은 다른 분리된 영역에서 오는 것은 무엇이든지 가지고 놀 수 있다. 그렇지만 아이들은 그것을 다른 사용으로 되돌린다. 이는 세속화에 관한 아주 멋들어진 중요한 예이다. 왜냐하면 우리는 아이들, 그리고 어쩌면 철학자들이 놀이 속에서 인류에게 부여한 새로운 사용의 차원에 존재하기 때문이다. 발터 벤야민이 카프카에 관한 에세이에서 더 이상 적용되지 않고 그저 연구되는 법이 정의로 가는 문이라고 썼을 때, 벤야민이 염두에 두고 있었던 것은 바로 이런 종류의 사용임에 틀림없다고 나는 생각한다. 벤야민은 인류가 법을 가지고 놀되 그것을 더는 적용하지 않는 모습을 그려내는데, 이 새로운 사용법을 '공부'라고 불렀다.[1]

더 이상 거행해야 할 것이 아니라 가지고 노는 대상이 되는 종교가 아이들을 위한 사용의 문을 열어주듯이, 그런 식으로 비활성화된 경제, 법, 정치의 권력은 새로운 행복

---

1) 발터 벤야민, 반성완 옮김, 「프란츠 카프카」, 『발터 벤야민의 문예이론』, 민음사, 1983, 95쪽.

으로 가는 문이 된다. 벤야민은 짧지만 엄청난 글 한 편을 썼다. 사후에 출간된 그 글의 제목은 「종교로서의 자본주의」[2]이다. 나는 베르너 하마허가 이미 분석한 바 있는 이 흥미로운 텍스트에 깊이 들어가지는 않겠다.[3] 나는 단지 벤야민의 제안을 따르려 한다. 현 단계 자본주의는 종교에 이미 현존하던 분리로 향하는 경향을 극단으로 밀어붙여 일반화한다고 말할 수 있다. 희생제의가 세속적인 것에서 성스러운 것으로, 그리고 성스러운 것에서 세속적인 것으로의 이행을 표시했던 곳에는 이제 모든 것, 모든 장소, 모든 인간 활동을 몰아세워 그것을 그것 자체로부터 떼어내려는 하나 또는 여럿의 쉼 없는 분리 과정이 있다. 극단적 형태에 이른 자본주의 종교는 분리할 것이라곤 하나도 남겨두지 않는 분리의 순수 형식을 실현한다. 나머지 없는 절대적인 세속화는 이제 총체적인 봉헌과 일치한다. 모든 것이 행해졌고, 생산됐고, 누설됐다. 인간의 신체는 말할 것도 없고, 심지어 섹슈얼리티나 언어활동도 이제 그 자

---

2) 발터 벤야민, 최성만 옮김, 「종교로서의 자본주의」, 『역사의 개념에 대하여 외』, 도서출판 길, 2008, 119~126쪽.
3) Werner Hamacher, "Guilt History. Benjamin's Sketch Capitalism as Religion," *Diacritics*, vol.32, no.3-4, (Fall-Winter) 2002, pp.81~106; "Guilt History: Benjamin's Fragment Capitalism as Religion," *Cardozo Law Review*, vol.26, no.3, (February) 2005, pp.887~920.

체로부터 떼어져 분리된 영역으로 옮겨진다. 거기서는 성스러운 것과 세속적인 것을 나누는 그 어떤 실체적인 분할도 정의되지 않으며, 그 어떤 사용도 불가능해진다. 이 영역이 소비이다. 소비는 우리가 그 안에서 살고 있는 일반화된 사용불가능성에서 유래한다. 사용될 수 없는 것은 그 자체로 소비나 스펙터클한 진열에 넘겨진다. 이를 대문자 S가 붙은 슈퍼마켓Supermarket으로, 그리고 대문자 M이 붙은 박물관Museum으로 불러보자. 이는 어쩌면 이제 세속화가 불가능해졌음을 뜻하며, 또는 우리가 세속화를 위한 더 나은 방식을 찾아야만 한다는 뜻이기도 하다. 만일 세속화가 성스러운 것의 영역이나 스펙터클의 소비로 분리됐던 것을 인간이 공통으로 사용할 수 있도록 되돌리는 것을 뜻한다면, 우리는 극단적 국면에 이른 자본주의가 절대로 세속화할 수 없는 어떤 것을, 즉 사용할 수 있도록 결코 되돌릴 수 없는 어떤 것을 창조하고 있다고 말할 수 있다. 반은 반어적으로, 반은 풍자적으로, 하지만 결국엔 진지한 발언을 해보자면, 세속화할 수 없는 것을 세속화하기야말로 도래할 세대가 짊어져야 할 정치적 과제이다.

# 2. 더 읽을 만한 자료들

**1. 미셸 푸코(Michel Foucault) 관련 저작**

1) ***Naissance de la clinique: Une archéologie du regard médical***, Paris: PUF, 1963. [홍성민 옮김, 『임상의학의 탄생: 의학적 시선의 고고학』, 이매진, 2006.]

2) ***Les mots et les choses: Une archéologie des sciences humaines***, Paris: Gallimard, 1966. [이규현 옮김, 『말과 사물』, 민음사, 2012.]

3) ***L'archéologie du savoir***, Paris: PUF, 1969. [이정우 옮김, 『지식의 고고학』, 민음사, 2000.]

4) ***Surveiller et punir: Naissance de la Prison***, Paris: Gallimard, 1975. [오생근 옮김, 『감시와 처벌』(개정판), 나남, 2016.]

5) ***Histoire de la sexualité, t.I: La volonté de savoir***, Paris: Gallimard, 1976. [이규현 옮김, 『성의 역사 1: 지식의 의지』(제3판), 나남, 2010.]

6) ***Dits et Écrits***, éd. Daniel Defert et François Ewald, avec collab. Jacques Lagrange, 4 tomes, Paris: Gallimard, 1994. [T.1: 1954~1969, T.2: 1970~1975, T.3: 1976~1979, T.4: 1980~1988]

- "Préface à *Folie et Déraison*"(1961), pp.159~167.
- "La folie n'existe que dans une société"(1961), pp.167~170.
- "Sur les façons d'écrire l'histoire"(1967), pp.585~600.
- "Qui êtes-vous, professeur Foucault?"(1967), pp.585~600.
- "Réponse à une question"(1967), pp.673~695.
- "Réponse au Cercle d'épistémologie"(1968), pp.696~752.
- "Un problème m'intéresse depuis longtemps, c'est celui du système pénal"(1971), pp.205~209.
- "Les problèmes de la culture: Un débat Foucault-Preti" (1972), pp.369~380.
- "Pouvoir et corps"(1975), pp.754~760. [홍성민 옮김, 「육체와 권력」, 『권력과 지식: 미셸 푸코와의 대담』, 나남, 1991, 83~92쪽.]
- "Asiles, Sexualité, Prisons"(1975), pp.771~782.
- "L'œil du pouvoir"(1977), pp.190~207.
- "Le jeu de Michel Foucault"(1977), pp.298~329. [홍성민 옮김, 「육체의 고백」, 『권력과 지식: 미셸 푸코와의 대담』, 나남, 1991, 235~281쪽.]

7) ***Cours au Collège de France***, éd. s. dir. François Ewald et Alessandro Fontana, 14 tomes: 1970~1984, Paris: Gallimard/Seuil, 1997~à venir.

- **1973~74.** *Le pouvoir psychiatrique*, éd. Jacques Lagrange, 2003. [오트르망 옮김, 『정신의학의 권력』, 도서출판 난장, 2014.]
- **1974~75.** *Les Anormaux*, éd. Valerio Marchetti et Antonella Salomoni, 1999. [이재원 옮김, 『비정상인들』, 도서출판 난장, 근간.]
- **1975~76.** 《*Il faut défendre la société*》, éd. Mauro Bertani et Alessandro Fontana, 1997. [김상운 옮김, 『"사회를 보호해야 한다"』, 도서출판 난장, 2015.]

- 1981~82. *L'Herméneutique du sujet*, éd. Frédéric Gros et Alessandro Fontana, 2001. [심세광 옮김, 『주체의 해석학』, 동문선, 2007.]

## 2. 질 들뢰즈(Gilles Deleuze)의 푸코

1) (collaboration avec Félix Guattari) *L'Anti-Œdipe: Capitalisme et schizophrénie*, Paris: Minuit, 1972. [김재인 옮김, 『안티 오이디푸스』, 민음사, 2014.]
2) "Sur les principaux concepts de Michel Foucault"(1984), *Deux régimes de fous: Textes et entretiens 1975-1995*, éd. David Lapoujade, Paris: Minuit, 2003, pp.226~243. [박정태 옮김, 「미셸 푸코의 주요 개념들에 대하여」, 『들뢰즈가 만든 철학사』, 이학사, 2007.]
3) *Foucault*, Paris: Minuit, 1986. [허경 옮김, 『푸코』, 동문선, 2003.]
4) "Qu'est-ce qu'un dispositif?"(1988), *Michel Foucault philosophe: Rencontre internationale Paris 9, 10, 11 janvier 1988*, Paris: Seuil, 1989; *Deux régimes de fous: Textes et entretiens 1975-1995*, éd. David Lapoujade, Paris: Minuit, 2003, pp.316~325. [박정태 옮김, 「장치란 무엇인가?」, 『들뢰즈가 만든 철학사』, 이학사, 2007.]

## 3. 조르조 아감벤(Giorgio Agamben)의 푸코

1) *La comunità che viene*, Torino: Einaudi, 1990. [이경진 옮김, 『도래하는 공동체』, 꾸리에북스, 2014.]
2) *Homo sacer I: Il potere sovrano e la nuda vita*, Torino:

Einaudi, 1995. [박진우 옮김, 『호모 사케르: 주권권력과 벌거벗은 생명』, 새물결, 2008.]

3) (avec Stany Grelet et Mathieu Potte-Bonneville) "Une bio-politique mineure: Entretien avec Giorgio Agamben," *Va-carme*, n°10, hiver, 2000. [http://www.vacarme.org/article 255.html]

4) *L'aperto: L'uomo e l'animale*, Torino: Bollati Boringhieri, 2002; *The Open: Man and Animal*, trans. Kevin Attel, Stanford: Stanford University Press, 2004.

5) *Profanazioni*, Roma: Nottetempo, 2005. [김상운 옮김, 『세속화 예찬』, 도서출판 난장, 2010.]

6) *Che cos'è un dispositivo?* Roma: Nottetempo, 2006. [양창렬 옮김, 「장치란 무엇인가?」, 『장치란 무엇인가?/장치학을 위한 서론』, 도서출판 난장, 2010.]

7) *Il regno e la gloria: Per una genealogia teologica dell'eco-nomia e del governo*, Vicenza: Neri Pozza, 2007. [박진우·정문영 옮김, 『왕국과 영광: 오이코노미아와 통치의 신학적 계보학을 향하여』, 새물결, 2016.]

8) *Nudità*, Roma: Nottetempo, 2009. [김영훈 옮김, 『벌거벗음』, 인간사랑, 2014.]

## 4. 장치(학)의 원천과 그에 대한 논평

Louis Althusser, "Idéologie et appareils idéologiques d'État: Notes pour une recherche," *La Pensée*, n°151, juin 1970, pp.3~38. [김웅권 옮김, 「이데올로기와 이데올로기적 국가장치」, 『재생산에 대하여』, 동문선, 2007, 349~410쪽.]

Jeremy Bentham, *Panoptique: Mémoire sur un nouveau prin-cipe pour construire des maisons d'inspection et nomm-ément des maisons de force*, éd. Étienne Dumont, Paris: De l'imprimerie nationale, 1791. [신건수 옮김, 『파놉티콘: 제러미 벤담』, 책세상, 2007.]

Thomas Bolmain, "Foucault lecteur de Husserl: Articuler une rencontre," *Bulletin d'analyse phénoménologique*, vol.4, no.3, 2008, pp.202~238.

Jean-François Courtine, "Foucault lecteur de Husserl l'a pri-ori historique et le quasi-transcendantal," *Giornale di meta-fisica*, vol.29, no.1, 2007, pp.211~232.

Françoise Dastur, "Heidegger, penseur de la modernité de la technique et de l'éthique," *Po&sie*, n°115, Paris: Belin, 2006, pp.34~41.

Béatrice Han, *L'ontologie manquée de Michel Foucault: Entre l'historique et le transcendantal*, Grenoble: Editions Jérôme Millon, 1998.

Georg Wilhelm Friedrich Hegel, "Die Positivität der christ-lichen Religion," *Hegels theologische Jugendschriften*, hrsg. Herman Nohl, Tübingen: J.C.B. Mohr, 1907, pp. 152~213. [정대성 옮김, 「기독교의 실정성」, 『청년 헤겔의 신학론집』, 인간사랑, 2005, 243~420쪽.]

Martin Heidegger, *Vorträge und Aufsätze*, Pfullingen: Neske, 1954. [이기상 외 옮김, 『강연과 논문』, 이학사, 2008.]

_____, *Die Technik und die Kehre*, Pfullingen: Neske, 1962. [이기상 옮김, 『기술과 전향』, 서광사, 1993.]

_____, *Die Grundbegriffe der Metaphysik: Welt, Endlichkeit, Einsamkeit*, hrsg. Friedrich-Wilhelm von Herrmann, Frankfurt am Main: Vittorio Klostermann, 1983. [이기상·강태성 옮김, 『형이상학의 근본개념들: 세계-유한성-고독』, 까치, 2001.]

Jean Hyppolite, *Introduction à la philosophie de l'histoire de Hegel*, Paris: Seuil, 1983.

Frank Kessler, "Notes on *dispositif*" (version 2007), unpublished seminar paper held at Utrecht Media Research Seminar, June 2004. [http://www.let.uu.nl/~Frank.Kessler/personal/Dispositif%20Notes11-2007.pdf]

Gérard Lebrun, "Note sur la phénoménologie dans *Les mots et les choses*," *Michel Foucault philosophe: Rencontre internationale Paris 9, 10, 11 janvier 1988*, Paris: Seuil, 1989, pp.33~53.

Warren Montag, "The Soul Is the Prison of the Body: Althusser and Foucault 1970-1975," *Yale French Studies*, no.88, 1995, pp.53~77.

Guy Planty-Bonjour, "Introduction," *La positivité de la religion chrétienne*, Paris: PUF, 1983, pp.7~26.

Bernard Vandewalle, "L'analyse du dispositif anthropologique dans les *Dits et Écrits* de Michel Foucault," *Lectures de Michel Foucault*, vol.3, éd. Pierre-François Moreau, Lyon: ENS Editions, 2003, pp.53~59.

박상우, 「주민증·면허증은 '범죄사진' 흔적?」, 『한겨레』, 2009년 7월 29일자.

_____, 「사진, 닮음, 식별: 베르티옹 사진 연구」, 『한국사진학회지 AURA』(제20호), 2009, 134~147쪽.

이기상, 「현대 기술의 본질: 도발과 닦달」, 『강연과 논문』, 이학사, 2008, 385~452쪽.

이선일, 「기술의 극복을 위한 하이데거의 시도」, 『哲學』(제38집), 한국철학회, 1992, 75~98쪽.

## 5. 장치(학) 개념의 해석·적용·확장

Giorgio Agamben, "Non au tatouage biométrique," *Le Monde*, le 11 janvier 2004.

_____, "Non à la biométrie," *Le Monde*, le 5 décembre 2005.

_____, "Metropoli," Interventi a 2°Atto 'Nuovi conflitti sociali nella metropoli' del《Metropoli/Moltitudine》seminario di Uni.Nomade Nordest, 16 novembre 2006, Italia. [http://generation-online.org/p/fpagamben4.htm]

Xavier Guchet, "Biométrie dans les aéroports: La fausse alternative de la liberté et de la sécurité," *L'avion: Le rêve, la puissance et la doute*, sous la dir. Alain Gras et Gérard Dubey, Paris: Publications de la Sorbonne, 2009.

Collectif, *Hermès*, n°25: Le dispositif. Entre usage et concept, Paris: CNRS, 1999.

_____, *Terrains & Travaux*, n°11: Dispositifs, Cachan: ENS Cachan, 2006.

Michel Haar, *Le chant de la terre: Heidegger et les assises de l'histoire de l'être*, Paris: L'Herne, 1985.

Maurizio Lazzarato, *Les révolutions du capitalisme*, Paris: Les Empêcheurs de penser en rond, 2004.

Frédéric Neyrat, "Heidegger et l'ontologie de la consommation," *Rue Descartes*, n°49, Paris: PUF, 2005, pp.8~19.

Gilbert Simondon, *L'Individu et sa genèse physicobiologique*, Paris: PUF, 1964.

_____, *L'Individuation psychique et collective*, Paris: Aubier, 1989.

Bernard Stiegler, *Prendre soin: De la jeunesse et des générations*, Paris: Flammarion, 2008; *Taking Care of Youth and the Generations*, trans. Stephen Barker, Stanford: Stanford University Press, 2010.

Tiqqun, *Théorie du Bloom*, Paris: La Fabrique, 2000.

_____, "Une métaphysique critique pourrait naître comme science des dispositifs······," *Contribution à la guerre en cours*, Paris: La Fabrique, 2009.

Paolo Virno, *Grammatica della moltitudine: Per una analisi delle forme di vita contemporanee*, Roma: DeriveApprodi, 2002. [김상운 옮김, 『다중: 현대의 삶 형태에 관한 분석을 위하여』, 갈무리, 2004.]

# 3. 찾아보기

## ㄱ・ㄴ

갈톤(Francis Galton) 131
『지문』(Fingerprints) 131
개체화(individuation) 156, 161
격조사(格助詞) 126~127
경제의 인간(ho anthrōpos tēs oikonomias) 27
공동체(comunità) 46, 66, 141, 153, 154
낭시(Jean-Luc Nancy) 50
네(Frédéric Neyrat) 143
니체(Friedrich Nietzsche) 51, 54, 63, 70, 71
　『반시대적 고찰』 70, 71 (Unzeitgemässe Betrachtungen)
　『비극의 탄생』(Die Geburt der Tragödie) 70, 71

## ㄷ

데리다(Jacques Derrida) 51, 53, 54
　『우정의 정치학』(Politiques de l'amitié) 53~54

동시대성(contemporaneità) 69, 71~76, 79, 80, 82~86, 156
　결코 있어보지 못한 현재(un presente in cui non siamo mai stati)로 되돌아가는 것 83~85
　끊어짐(sconnessione)/시차 (sfasatura) 69~72
　현재의 암흑/어둠(il buio del presente)에 대한 지각 75~79, 87
뒤메질(Georges Dumézil) 106
드보르(Guy Debord) 35, 45, 137
들뢰즈(Gilles Deleuze) 92, 93, 111, 112, 127, 134, 156, 158, 163
　「장치란 무엇인가?」("Qu'est-ce qu'un dispositif?") 92, 93
디오게네스(Diogenēs Laertios) 51, 53, 54
　『유명한 철학자들의 생애와 사상』(De Vitis Dogmatis et Apophthegmatis Eorum Qui in Philosophia Claruerunt) 51, 54

## ㄹ·ㅁ

라이프니츠(Gottfried Wilhelm Leibniz) 15
랏자라또(Maurizio Lazzarato) 127
로베스피에르(Maximilien Robespierre) 71
루소(Jean-Jacques Rousseau) 157
르펜(Jean-Marie Le Pen) 166
　국민전선(Front national) 166
리카르도(David Ricardo) 105
만델슈탐(Osip Mandelstam) 72
　「세기」(Vek) 72~78
맑스(Karl Marx) 35, 160, 163
　일반지성(General Intellect) 160
모스(Marcel Mauss) 40
무질(Robert Musil) 139
　『특성 없는 남자』(Der Mann ohne Eigenschaften) 139

## ㅂ

바르트(Roland Barthes) 70
바울(Paulos) 56, 57, 86, 87, 164, 167
　마치 …… 아닌 것처럼(come se non) 164, 165
　지금-의-시간(ho nyn kairos) 86
바타이유(Georges Bataille) 153
버릴 수 있는 인간(l'homme jetable) 147, 169
베르티용(Alphonse Bertillon) 130, 131
베르티오나쥬(bertillonage) 131
『법정사진』(La Photographie judiciaire) 131
벤담(Jeremy Bentham) 114~117, 131
　판옵티콘(panopticon) 33, 94, 113, 114, 115, 127, 135, 138
벤야민(Walter Benjamin) 88, 152, 174, 175
　단순한 생명/삶(das bloßen Leben) 152
보프(Franz Bopp) 105
블랑쇼(Maurice Blanchot) 153, 154
비르노(Paolo Virno) 156, 159, 160
비인간(non-uomo) 36, 154, 160, 164, 167, 168, 169

## ㅅ

사드(Marquis de Sade) 71
사회의 형태
　규율사회(la société disciplinaire) 41, 127
　스펙터클의 사회(La Société du spectacle) 46, 140, 150
　통제사회(La Société de Contrôle) 127, 134
삼위일체(Trinitas) 26, 27
상품(commodity) 46, 133, 140, 144, 145, 151
생체인식/측정(biométrie) 127~137

~장치 34, 35, 47, 127, 130~134, 137
세로디네(Giovanni Serodine) 56, 57
세속화(profanazione) 39, 40, 41, 48, 164, 173~176
  ~의 어원/정의 39, 40
소비(consumption/消費) 140, 142~147, 151, 169, 176
  ~장치 143~147, 169
  콩-소마시옹(con-sommation) 142, 143
스티글러(Bernard Stiegler) 147~149
스피노자(Benedict de Spinoza) 15, 110
시몽동(Gilbert Simondon) 156, 161
실증[정]성(positivité) 18~22, 29, 93~97
  아감벤의~ 18~22
  푸코의~ 18, 97, 98, 102, 111
  헤겔의~ 19~21, 93~96

○
아(Michel Haar) 142, 143
아감벤(Giorgio Agamben) 93, 95~98, 102, 129, 137~142, 147~156, 159~162, 164, 167
  메트로폴리스(metropoli) 46, 140, 141, 151
  벌거벗은 생명(nuda vita) 35, 46, 129, 148, 151~153, 157, 160

분리(separazione) 30, 36~42, 48, 138~141, 153, 174~176
비오스/조에(bios/zoē) 153, 160
삶-의-형태(Forma-di-vita) 153, 160
수용(espropriazione) 138~140
「동시대인이란 무엇인가?」(Che cos'è il contemporaneo?) 69~88, 159
「소수의 생명정치」(une biopolitique mineure) 142, 161, 164
『남은 시간』(Il tempo che resta) 165
『도래하는 공동체』(La comunità che viene) 149
『목적 없는 수단』(Mezzi senza fine) 139, 153, 157
『벌거벗음』(Nudità) 34, 129
『열림』(L'aperto) 36, 37, 167
아렌트(Hannah Arendt) 154
아리스토텔레스(Aristotelēs) 25, 51, 53, 59, 60, 62, 65~77, 158
  ~의 우정론 51, 59~67
  『니코마코스 윤리학』(Ēthika Nikomacheia) 59, 62
  『영혼론』(Peri psychēs) 63, 77
  『정치학』(Politika) 25
알튀세르(Louis Althusser) 107~110
「이데올로기와 이데올로기적 국가장치」(Idéologie et appareils idéologiques d'État) 107

에스티엔느(Henri Estienne) 52
우정(amicizia) 49~51, 53, 54, 59, 60, 62~65, 67
  데리다의 해석 51, 53, 54
  아리스토텔레스의 정의 → '아리스토텔레스' 항목 참조
  ~과 철학 49, 50
  ~의 알레고리 56~59
  자기 자신의 타자되기 64~65
위베르(Henri Hubert) 40
유행/패션(moda) 80~83
  카이로스(kairos) 82
이레나이우스(Saint Irenaeus) 26
이폴리트(Jean Hyppolite) 18~20, 22, 93, 95, 97
  『헤겔 역사철학 입문』(Introduction à la philosophie de l'histoire de Hegel) 18~22,

## ㅈ・ㅊ

잠재성/역량(potenza) 156, 158~161, 168
  게니우스(genius) 161
  비인격적/비인칭적 역량 161, 162
  전개체적 역량 160
장치(dispositivo/dispositif) 15~48, 91~176
  디스포지티오/디스포네레(dispositio/disponere) 28, 30, 31
  역사적 집합으로서의~ 106, 107
  ~와 사전적 정의/의미 23, 24
  ~와 신학적 계보 24~28

최초고용계약(Contrat première embauche) 147
친구(amico) 49~67, 155
  또 다른 자기(heteros autos/alter ego) 61, 64
  ~의 의미론적 해석 55~56
  함께 나눔(con-divisione) 64, 66, 67
  함께-지각하는 것(synaisthanesthai) 67

## ㅋ・ㅌ

카조봉(Isaac Casaubon) 52, 53, 54
칸트(Immanuel Kant) 96, 100
퀴비에(Georges Cuvier) 105
클레멘스(Titus Flavius Clemens) 28
탈주체화(desoggettivazione/désubjectivation) 43~45, 65, 141, 142, 144, 146~148, 162~167
테르툴리아누스(Quintus Septimius Florens Tertullianus) 26
토마스 아퀴나스(Thomas Aquinas) 149
  『신학대전』(Summa Theologica) 149
트레바티우스(Gaius Trebatius Testa) 39
티쿤(Tiqqun) 45, 46, 125, 133
  블룸([B]loom) 45, 46

## ㅍ

판옵티즘(panoptisme) 113, 131
페리클레스(Periklēs) 71
포이어바흐(Ludwig Feuerbach) 31, 32
푸코(Michel Foucault)
  규율권력(le pouvoir disciplinaire) 110, 117, 123, 124
  보편적인 것들(les universaux) 22, 23
  역사적 선험(a priori historique) 98, 100~102, 104
  주체-기능(la fonction-sujet) 123, 124, 127
  통치성(gouvernementalité) 15
  환경(milieu) 37, 42, 111, 148
  「저자란 무엇인가?」(Qu'est-ce qu'un auteur?) 123
  『감시와 처벌』(Surveiller et punir) 94, 108, 111, 113~117
  『광기의 역사』(Histoire de la folie à l'âge classique) 102, 106, 112, 113
  『말과 사물』(Les mots et les choses) 98, 102, 104, 105
  『"사회를 보호해야 한다"』("Il faut défendre la société") 110, 111
  『임상의학의 탄생』(Naissance de la clinique) 98, 99, 113
  『정신의학의 권력』(Le pouvoir psychiatrique) 102, 108
  『주체의 해석학』(L'Herméneutique du sujet) 94
  『지식의 고고학』(L'archéologie du savoir) 18, 97~99, 101, 104, 111, 113
프레티(Giulio Preti) 100

## ㅎ

하이데거(Martin Heidegger) 29, 30, 37, 45, 117~122, 141, 142, 151, 160
  게슈텔/몰아세움(Gestell) 29, 117, 118, 120~122, 142, 144
  근본기분(Stimmung) 160
  사건(Ereignis) 117, 120, 159
  『기술과 전향』(Die Technik und die Kehre) 29, 31, 120
헤겔(Georg Wilhelm Friedrich Hegel) 18~22, 29, 93~98
  「그리스도교의 실정성」(Die Positivität der christliche Religion) 19, 20, 94~96
후설(Edmund Husserl) 100
휘포케이메논/수비엑툼(hypokeimenon/subjectum) 120, 124
히폴리투스(Saint Hippolytus) 26

**장치란 무엇인가?/장치학을 위한 서론**

장치학을 위한 서론 ⓒ 2010 양창렬
All Rights Reserved

초판 1쇄 발행 | 2010년 8월 30일
초판 2쇄 발행 | 2017년 9월 25일
초판 3쇄 발행 | 2025년 10월 20일

지은이 | 조르조 아감벤·양창렬
펴낸곳 | 도서출판 난장·등록번호 제307-2007-34호
펴낸이 | 이재원
주  소 | 서울시 용산구 이촌로 105 이촌빌딩 401호
연락처 | (전화) 02-334-7485  (팩스) 02-334-7486

책값은 뒤표지에 있습니다.
잘못 만들어진 책은 구입하신 서점에서 바꿔드립니다.
ISBN 978-89-961268-0-5  03100

이 도서의 국립중앙도서관 출판시도서목록(CIP)은
e-CIP 홈페이지(http://www.nl.go.kr/ecip)에서
이용하실 수 있습니다.
(CIP제어번호: CIP2010002988)